Franz von Sales

Im Seelengrund ruht aller Streit

Betrachtungen über die Gottesliebe

Mit einer Einleitung von Walter Nigg
herausgegeben von Manfred Baumotte

D1629251

Benziger Verlag
Düsseldorf und Zürich

Die Deutsche Bibliothek – CIP-Einheitsaufnahme

François <de Sales>:
Im Seelengrund ruht aller Streit : Betrachtungen über die Gottesliebe /
Franz von Sales. Mit einer Einl. von Walter Nigg. hrsg. von Manfred
Baumotte. – 4., überarb. Aufl. – Düsseldorf ; Zürich : Benziger, 2001
(Klassiker der Meditation ; Bd. 21)
ISBN 3-545-20323-9

Satz: Utesch GmbH, Hamburg
Druck und Bindung: Freiburger Graphische Betriebe, Freiburg
ISBN 3-545-20323-9

Inhalt

Einleitung
Der wunderbare Fischzug

I

Eines der eindrucksvollsten Bilder von Konrad Witz nennt sich der wunderbare Fischzug. Vor diesem Gemälde mit seiner berückenden Schönheit kann man lange stehen, ohne müde zu werden. In göttlicher Erhabenheit schreitet der übergroße Christus auf dem Wasser dahin, majestätische Feierlichkeit um sich verbreitend. Grenzenloses Staunen prägt sich auf den Gesichtern der Jünger über den unerwarteten Anblick des Herrn aus. Das Ereignis spielt sich auf dem Hintergrund einer Landschaft des Genfer Sees ab, deren zauberhafte Schönheit in einer eigentümlichen Parallele zu dem wunderbaren Geschehen steht. Es ist schwer zu sagen, ob von der irdischen oder überirdischen Seite dieses erstaunlichen Bildes eine größere Anziehungskraft ausgeht.

An dieses Gemälde wird man erinnert, betrachtet man das Leben Franz von Sales'. Was Konrad Witz auf eine naive und doch höchst künstlerische Weise ausgedrückt hat, begegnet uns auch bei diesem Heiligen. Der wunderbare Fischzug ist die Formel, unter der die Gestalt Franz von Sales' am besten erfaßt werden kann. Die gleiche Schönheit, die gleiche Unbefangenheit und die gleiche Gläubigkeit, welche den spätmittelalterlichen Maler erfüllte, war auch dem Bischof von Genf eigen. Es war nicht nur dieselbe Zugehörigkeit zu der schönen Landschaft des Genfer Sees, die sich getreulich in Franz von Sales, dem echten Sohn jener Gegend, spiegelt, sondern vor allem die Absicht, auf das Geheiß des Herrn ebenfalls einen wunderbaren Fischzug auszuführen. Dies läßt das Gemälde von Konrad Witz und die Gestalt des Heiligen ineinanderfließen.

Um die Leistung Franz von Sales' zu ermessen, muß man kurz auf das Zeitalter hinweisen, aus dem er hervorgegangen ist. Frankreich mit seiner großen christlichen Vergangenheit befand sich damals in jener Epoche des Überganges von der Renaissance zum Barock. Sie war gekennzeichnet durch die konfessionellen Auseinandersetzungen, die in Frankreich blutigen Charakter angenommen hatten. Die Religionsgespräche zwischen Katholiken und Protestanten waren überall ergebnislos verlaufen und hatten der rohen Waffengewalt Platz gemacht. Nach dem Blutbad zu Vassy, welches die Katholiken unter den Protestanten anrichteten, kam der rücksichtslose Angriff der Hugenotten gegen Lyon. Überboten wurden all diese Grausamkeiten durch die schreckliche Bartholomäusnacht, in der die Protestanten meuchlings zu Tausenden hingemordet wurden. Ein furchtbarer Religionskrieg zerklüftete Frankreich, in welchem eine Auflösung der Moral und eine Verwilderung der Sitten stattfand. Die verheerende Auseinandersetzung zwischen Reformation und Gegenreformation endete mit einer Erstarkung des Katholizismus, der jedoch seine neue Geschlossenheit mit dem Verzicht auf die frühere Allseitigkeit und Natürlichkeit erkaufen mußte.

Diese Situation muß man sich vergegenwärtigen, will man die Bemühung des Franz von Sales, der auf das französische Geistesleben einen bedeutsamen Einfluß ausübte, in der richtigen Perspektive sehen. Seine Tätigkeit inmitten dieses Geschehens kann als ein neuer Fischzug bezeichnet werden, worunter er die Heimholung ins Christliche verstand. Er wollte den in seinem religiösen Lebensgefühl unsicher gewordenen Menschen wieder in den Schoß der Kirche zurückführen. Diese Heimholung betätigte er auf vorsichtige und doch bestimmte Weise, so daß sie nicht einmal allen Beteiligten zum Bewußtsein kam. Aber sie liegt fast allen seinen Handlungen zugrunde, und unter diesen Gesichtspunkt muß die Gestalt gerückt werden, will man die innere Melodie dieses Lebens vernehmen.

Franz von Sales hat sein großes Ziel auf mündliche und schriftliche Weise zu erreichen gesucht. Von dem Charme seiner Persönlichkeit kann man sich heute wohl kaum eine richtige Vorstellung machen. Die Porträts, die sich von ihm erhalten haben, enttäuschen alle, weil sie die Gestalt in allzu steifer Haltung wiedergeben. Der zwiespältige Eindruck, den sie erwecken, ist jedoch auf die Unfähigkeit der Maler zurückzuführen, wie Franz von Sales selbst gesagt hat: «Es ist mir hinterbracht worden, ich sei bisweilen durch den Pinsel nicht gut getroffen, aber daran liegt ja wenig.»[1] Die unwiderstehliche Anziehungskraft seiner Persönlichkeit spürt die Nachwelt jedoch in seinen Schriften, von denen die Charakterisierung zu Recht besteht: «Franz von Sales, das heißt Güte, das heißt Menschenfreundlichkeit, das heißt Milde, Freude und jene zarte, hohe Höflichkeit der Seele, die nicht der Salon von Paris, sondern die Gemeinschaft mit Gott und die echte Brüderlichkeit wie von selbst, ohne Regelbuch und Anstandslektionen, uns warm und köstlich anerziehen. Franz von Sales ist wie ein heiliges Lächeln, ein feines, herzliches Verstehen, ein kluges Verzeihen, ein mildes Raten, und alles ohne Sonderbarkeit, ohne Gewaltmittel, ohne außergewöhnliche Lasten, alles im üblichen Gang der Arbeit, im ordinärsten Beruf, im Trott und Trab der Alltäglichkeit.»[2] Der Bischof von Genf verkörpert tatsächlich in einem seltenen Maße die Vorzüge der französischen Nation, wie sie sonst in seinem Jahrhundert kaum anzutreffen waren. Bei aller Zurückhaltung strömt er eine Wärme aus, die förmlich entzückt. Es ist keine bloße freundliche Herzlichkeit, hinter der nichts steht, sondern man spürt die Seele dieses

Menschen. Seine Schriften zeugen von einer Kultiviertheit, einer Überlegenheit und einer Religiosität, die durch all die Jahrhunderte, die seither verstrichen sind, nur wenig von ihrem Zauber verloren haben. Sie sind aus einer Weisheit und Frömmigkeit hervorgegangen, die sich am besten mit der Musik Josef Haydns vergleichen läßt. Zwar meinte Ernst Hello: «Der heilige Franz von Sales besitzt nicht alle Merkmale der Größe, daher spricht er nicht zur ganzen Menschheit, sondern zu einem Teil der Menschheit.»[3] Doch bedeutet dies keinen ernsthaften Einwand gegen Franz von Sales. Denn wer spricht zur ganzen Menschheit? Wohl niemand oder nur der Einzige. Der savoyische Heilige jedenfalls hat zu vielen Menschen gesprochen und tut es noch heute. Seine Haltung bedeutet ein unvergängliches Erbe, das freilich nicht leicht zu würdigen ist, da es sich als hintergründiger erweist, als gewöhnlich vermutet wird.

II

«Das Leben des Franz von Sales erscheint in seinem Verlauf, seiner Vervollkommnung und Vollendetheit durchaus als ein Kunstwerk, an dem der Bildner langsam, mit Bedacht, mit Zielsicherheit, mit Freude arbeitet bis zur unantastbaren Schönheit, wie sie den wenigen Meisterwerken eigen ist.»[4] Diese Ausführung trifft das Wesen des Mannes. Maß und Ordnung, Harmonie und Würde bestimmen das Leben des Franz von Sales, das sich in aufsteigender Linie bewegte. Die Legende, wonach Franz seine Heiligkeit schon als Wickelkind durch das plötzliche Sprechen des Satzes: «Gott und meine Mutter lieben mich sehr» kundgab, verkennt den großen Weg, den dieser Mensch zurückgelegt hat. Er ist durch zähe Arbeit an sich zu seiner Heiligkeit langsam aufgestiegen, und die Stufen dieses Prozesses können noch deutlich verfolgt werden.

Franz von Sales stammt aus einer Familie, die seit dem 13. Jahrhundert in Savoyen ansässig war. Er ist eine Grenzgestalt, die sowohl französische als italienische Charakterzüge in sich vereinigte, jedenfalls eine durch und durch romanische Natur. Die Familie Sales gehört dem Landadel an, und Franz selbst hat den Edelmann nie verleugnet. Er besaß Formen und wußte sich zu benehmen. Nie war er verlegen, sondern beherrschte allezeit die gesellschaftliche Situation. Wenn er auch etwas Vornehmes an sich hatte, bildete sich der Grafensohn aber doch nichts auf seine Adelsabkunft ein. Jeder überhebliche Standesdünkel war ihm fremd. Als echter Aristokrat fand er auch den richtigen Ton im Verkehr mit einfachen Leuten.

Entsprechend dieser vornehmen Umgebung war auch seine Bildung. Vom sechsten Jahre an unterrichteten ihn Privatlehrer, und frühzeitig wurde er in das Jesuitenkollegium nach Paris geschickt. Gemäß seiner Familientradition nahm er alle Sitten seines Standes in sich auf. Tanzen, Reiten und Fechten gehörten zur eleganten Bildung eines noblen Weltmannes. Als vollendeter Kavalier kam er an die Universität zu Padua, welche die beste juristische Fakultät der damaligen Zeit aufwies. Nach dem Wunsch seines Vaters studierte er Jurisprudenz, doch führte ihn die eigene Neigung mehr zu theologischen Studien. Er versuchte beide Gebiete miteinander in Einklang zu bringen, eine Bemühung, in welcher sich bereits der spätere Franz von Sales ankündet, der die Harmonie des religiösen und intellektuellen Lebens zur inneren Seelenheiterkeit für notwendig hielt. Er begann die Kirchenväter Chrysostomus, Augustin, Hieronymus und vor allem Cyprian zu studieren, wobei er den letzteren wegen des schönen Stiles, der Klarheit und bildhaften Ausdrucksweise bevorzugte. Der spätere religiöse Klassiker hat an ihm bewußt seine edle Sprache und anschauliche Darstellung geübt. Die juristischen Studien interessierten ihn immer weniger, und er hielt sich nicht für geeignet, am Streite der Advokaten teilzunehmen.

Mitten in seinem Studium wurde Franz von Sales von einer schweren seelischen Krisis heimgesucht. Der Gedanke, zu den Verdammten zu gehören, bedrängte ihn. Die Gnadenlehre beschäftigte den damaligen Katholizismus stark, eine Frage, in welcher sich Dominikaner und Jesuiten gegenüberstanden. Für Franz wuchs sich dieses Problem zu einer gefährlichen Anfechtung aus. Er versuchte vergeblich, sich dieser quälenden Vorstellung zu erwehren und geriet immer tiefer in die trübsinnige Verstrickung hinein, in welcher ihm jegliche Frömmigkeit als bloße Täuschung erschien. Unter dem Bewußtsein, zu den Verworfenen zu gehören, litt er schwer und nahm auch körperlich sichtlich ab. In dieser Bedrängnis suchte er bei der Kirche Trost und verdoppelte seine religiösen Übungen, was ihm zunächst jedoch keine Hilfe brachte. Erst als er sich vor einem Marienbild niederwarf, fühlte er sich plötzlich von der Versuchung befreit. Er fand sich wieder zu dem ihm angeborenen religiösen Optimismus zurück, der jedoch nicht mit Oberflächlichkeit verwechselt werden darf. Die vertrauensvolle Haltung verließ ihn fortan bis zu seinem Lebensende nicht mehr. Doch vergaß er die düsteren Schwermutsanfälle keineswegs, was ihm später gelegen kam. Franz von Sales besaß nur deswegen die Fähigkeit, die ringende Seele des andern Menschen so gut zu erfassen, weil er selbst durch dunkle Erfahrungen hindurchgegangen war.

Nach Beendigung seiner juristischen Studien überraschte Franz von Sales seine Eltern mit dem Wunsch, Priester zu werden, wozu der enttäuschte Vater nur ungern die Einwilligung gab. Eine radikale Wendung im Leben bedeutete dieser Entschluß nicht, war er doch langsam aus seinen theologischen Interessen herausgewachsen. Es stellt eine der charakteristischen Eigentümlichkeiten des Franz von Sales dar, daß es bei ihm nur zielbewußte, organische Entwicklung und nichts Sprunghaftes gab. In Padua hatte ihm der Jesuit Possavia den Gedanken eingeflößt, die Reformation habe nur wegen der Unwissenheit der Kleriker einen solchen Umfang angenommen, und Frömmigkeit ohne Wissenschaft sei ebenso ungenügend wie Wissenschaft ohne Frömmigkeit. Diese Ansicht kam seiner Auffassung entgegen, und er holte seine theologischen Studien nach. Mit sechsundzwanzig Jahren empfing Franz die Priesterweihe und erhielt in seiner Heimat die Domprobstei.

Franz von Sales war ein eifriger Priester. Er spielte nicht einfach den vornehmen Prälaten, der sein kirchliches Amt als bloßen Versorgungsposten betrachtete. Vielmehr verstand er sich als ein Arbeiter im Weinberg des Herrn, der zu wirken hatte, solange es Tag war. Unermüdlich war er im Beichtstuhl tätig und kam darin oft in die Lage, den Büßenden, die er zum Weinen gebracht hatte, sein eigenes Taschentuch zum Trocknen der Tränen anzubieten. Noch eifriger predigte er, so daß sein eigener Vater deswegen den Kopf schüttelte: «Propst, du predigst mir zu oft. Ich höre sogar an Werktagen die Predigtglocke läuten, und immer sagt man mir: Das ist der Propst! Zu meiner Zeit war das nicht so. Damals predigte man viel seltener. Aber was waren das auch für Predigten! ... Jetzt machst du etwas so Alltägliches daraus, daß es einem keinen großen Eindruck mehr macht und daß man die Hochachtung vor dir verliert.»[5] Die Befürchtung des Vaters war unangebracht, und Franz ließ sich auch nicht irre machen. In seinem Drang nach außerordentlichen Taten nahm er immer neue Pflichten auf sich.

III

Franz von Sales war der geborene geistliche Fischer. Diese Leidenschaft hatte von ihm Besitz ergriffen, und er konnte sie nicht lassen. Er huldigte ihr weiter als rechte Hand des Bischofs von Genf, wie auch als er nach dessen Tod sein Nachfolger wurde. Franz interessierte sich für die Katholiken, die zwar der Kirche angehörten, im Wirrwarr des Jahrhunderts mit seiner Frömmigkeit jedoch nicht mehr zurechtkamen. Ihrer wollte er sich annehmen und ihre locker gewordene Katholizität festigen. Sein Ziel war die Heimholung des der Gleichgültigkeit verfallenen Katholiken.

Um dies zu erreichen, bedurfte es nach Franz von Sales einer Umstellung der christlichen Verkündigung. Der Bischof von Genf war genügend katholisch gesinnt, um zu wissen, daß nach der Lehre seiner Kirche das Christentum eine unveränderliche Größe darstellt. Aber er wußte doch auch – wie später Kardinal Newman – um die Entwicklung der Ausprägung der Lehre, und er war bestrebt, ein neues Ideal von Frömmigkeit aufzustellen. Seinen Niederschlag hat dieses neue Frömmigkeitsideal erstmals in der Schrift «Philothea» erhalten, ein Name, der gottliebende Seele bedeutet, jene Seele, die nach Tertullian von Natur eine Christin ist. Die «Introduction à la vie dévote», wie das Werk sich nennt, ist aus Briefen hervorgegangen, die an die Gemahlin seines Vetters Louise de Chastel gerichtet waren. Diese hatte ihn gebeten, ihr den Weg der Heiligkeit zu zeigen, und er gab nachträglich diese Briefe in Buchform heraus. Das Werk war sowohl nach Form wie nach Inhalt eine schriftstellerische Leistung, die seinen Namen in weiteste Kreise trug, und die mit ihrer nachhaltigen Wirkung ein Ereignis in der Geschichte der christlichen Frömmigkeit darstellt. Die «Philothea» war vorwiegend das Netz, mit dem er seinen Fischzug unternommen hat. Das Aufsehen, welches das Buch im katholischen Frankreich bewirkte, ist begreiflich, war es doch von einem künstlerisch veranlagten Menschen verfaßt worden.

Das neue Ideal des Franz von Sales verlangte die Anerkennung von verschiedenen Arten der Frömmigkeit. Man gelangt auf vielen Wegen zum Himmel, pflegte der Bischof von Genf zu sagen, und auch die Mittel, durch die man die Vollkommenheit erreichen kann, sind verschieden. Nur engherzig eingestellte Christen lassen bloß eine einzige Frömmigkeitsübung als richtig gelten, und das ist natürlich die ihrige. Eine solche Auffassung lehnte Franz von Sales als beschränkte Ansicht ab. Vielmehr betonte der Verfasser der «Philothea» nachdrücklich die Mannigfaltigkeit von religiösen Möglichkeiten: «Die Frömmigkeit muß sich also verschieden äußern: beim Hochgestellten anders als beim Untertanen, beim jungen Mädchen anders als bei der Frau oder Witwe. Neben dem Stande sind auch die persönlichen Kräfte, die Beschäftigung und die Pflichten des Einzelnen maßgebend für die Weise seiner Gottseligkeit. Es wäre durchaus unpassend, wenn ein Bischof lebte wie ein Einsiedler, wenn Edelleute wie die Kapuziner auf den Erwerb zeitlicher Güter verzichteten, wenn der Handwerker den ganzen Tag in der Kirche zubringen wollte.»[6] Der Mensch muß in der Ausübung seiner Religiosität Rücksicht auf Ort, Gesellschaft und Stand nehmen. Was sich für den einen schickt, kann bei einem andern unschicklich sein. Die wahre Frömmigkeit ist in jeder Lage möglich, muß ihr aber stets angepaßt sein. Nach Franz von Sales gibt es so viele Arten von Heiligkeit, als es Heilige gibt.

Die Anerkennung der Verschiedenheit der Frömmigkeitsübung genügt noch nicht. Franz von Sales geht bewußt einen Schritt weiter und behauptet in folgerichtigem Weiterdenken dieser Ansicht, daß demnach der Christ seine Vollkommenheit nicht nur im Kloster erlangen könne. Die Heiligkeit ist nicht das Vorrecht einer kleinen Zahl von Menschen, welche aus der Welt geflohen sind, sondern allen Christen als Ziel auferlegt. Franz wollte das Vorurteil, daß die Vollkommenheit von den Weltleuten nicht erlangt werden könne, widerlegen. Es gibt nach seinen, für die damalige Zeit sehr modernen Ausführungen eine Frömmigkeit, die mitten in der Welt verwirklicht werden kann, und die sich mit jeder Lebensbedingung in Übereinstimmung bringen läßt. Bewußt nahm Franz von Sales sich vor, «diejenigen zu unterweisen, die mitten in der Welt, in den Städten, im Familienkreise, ja selbst am Hofe leben – jene, die gezwungen sind, mit den Menschen der Welt zu verkehren, und die gerade deshalb oft nicht einmal den Mut haben zu denken, daß ihnen eine fromme Lebensweise möglich sei»[7]. Nach Franz gibt es eine Art von Frömmigkeit, die auch der Weltmann ausüben kann, und er versicherte, Menschen zu kennen, welche die Heiligkeit im Kloster verloren haben, und solche, die mitten im Gedränge der Welt sie zu bewahren vermochten. Selbstverständlich war Franz von Sales wie alle Heiligen ein Freund der Einsamkeit, und er betrachtete sie als eine der wirksamsten Mittel des inneren Fortschritts. Aber diese Einsamkeit ist nicht nur im Kloster oder in der Wüste zu erreichen. Er empfahl die innere Einsamkeit, in die sich der Mensch während der größten Geschäftigkeit zurückziehen könne. «Und wärest Du inmitten eines Menschengewühls, Du könntest doch einsam sein, einsam mit Deinem Gott.»[8] Niemals darf die Frömmigkeit in der Welt als Religiosität niederen Ranges bewertet werden. Unter Umständen ist sie schwerer auszuüben als die Weltflucht. Die Frömmigkeit in der Welt war das neue Ideal, daß Franz von Sales verkündete, und er tat es auf eine solch liebenswürdige Weise, daß es sich dem Gedächtnis der Menschheit unauslöschlich eingeprägt hat. Die Kühnheit seiner Ansichten kann der heutige Mensch kaum noch ermessen, weil dieses Frömmigkeitsideal dem Ei des Columbus gleicht. Nachdem es ausgesprochen war, mutete es alle Welt als Selbstverständlichkeit an. Aber den Mut aufzubringen, es angesichts einer jahrhundertelangen asketischen Tradition zu äußern, dazu bedurfte es der Genialität eines religiösen Herzens. Für die damalige Zeit war es so neu, daß Bossuet in dieser Tat die hervorragendste Leistung sah, welche der Bischof von Genf vollbracht hatte. «Vor Franz von Sales war der Geist der Frömmigkeit bei den Weltleuten fast gar nicht mehr bekannt. Man verbannte das innere und geistliche Leben in die Klöster und hielt es für zu rauh, als daß es am Hofe und in der großen Welt hätte erscheinen können. Franz von Sales ist auserwählt worden, es aus seiner Verborgenheit hervorzuholen, und die Geister diesem verderblichen Wahn zu entreißen. Er hat die Frömmigkeit mitten in die Welt zurückgeführt; man glaube aber nicht, daß er sie verkleidet habe, um sie den Augen der Weltlichen angenehmer zu machen.»[9]

Die Frömmigkeit in der Welt hat die Ablehnung jener Auffassung, welche die Betätigung des Religiösen nur in außerordentlichen Leistungen erblickt, zur Folge. Diese verbreitete Anschauung, welche sein neues Ideal aufhob, bekämpfte Franz von Sales wiederholt. Ihm war alles außergewöhnliche Gebaren, welches die Aufmerksamkeit auf sich lenken will, in der Seele zuwider. Er wollte sich in keiner Weise außerhalb der Ordnung stellen, und es spielen bei ihm auch Ekstasen keine Rolle. Wie unheimlich wahr ist doch im Hinblick auf den Gang der christlichen Kirche seine Äußerung: «Wir verlangen manchmal so sehr Engel zu werden, daß wir darüber vergessen, gute Menschen zu sein.»[10] Immer rät er, sich mit den Gelegenheiten und Mitteln zu begnügen, die einem tatsächlich zu Gebote stehen und nicht nach speziellen Leistungen zu lechzen, da diese den Menschen gerne zur Überheblichkeit verführen. Dem Bedürfnis nach Außerordentlichem stellt er die schlichte Übung im Alltäglichen gegenüber, ohne dabei aber einer Mittelmäßigkeit zu verfallen. Überlegene Weisheit spricht aus den Worten: «Jene täglichen kleinen Werke der Nächstenliebe, jene Zahnschmerzen, jene Unfreundlichkeit und Zurücksetzung durch andere, die wunderliche Laune Deines Mannes, Deiner Frau, ein zerbrochenes Glas, ein verlorener Handschuh, die kleine Ungemächlichkeit, etwas früher schlafen zu gehen und früher aufzustehen, wenn Du zur Kirche gehen sollst – kurz, alle derartigen geringfügigen Beschwerden mit Liebe ertragen und aufnehmen, das gefällt Gott in hohem Maße.»[11] Diese Betonung des Unscheinbaren ist alles andere als kleinlich gedacht; mit seinen Ausführungen hat Franz von Sales vielmehr den konkreten Weg aufgezeigt, den die Frömmigkeit in der Welt zu gehen hat. Gott im Großen zu dienen erfordert eine Gelegenheit, die sich nur selten bietet, ihm in kleinen Anlässen seine Ergebenheit zu beweisen kann der Christ jede Stunde.

Mit dem neuen Frömmigkeitsideal stand auch jene Ansicht im Widerspruch, welche das religiöse Leben vor allem in asketischen Bußübungen betätigt. Franz hat die Askese nicht verachtet. Er konnte auch Selbstgeißelung empfehlen, und ihr Wert stand für ihn außer Frage. Aber den finstern Asketismus, welcher den Menschen zu verschlingen droht, hat Franz von Sales überwunden, und dies muß als eine große Leistung bewertet werden, wenn man an die Macht denkt, welche die körperliche Selbstpeinigung jahrhundertelang über die christlichen Gemüter ausübte. Der Bischof von Genf kannte eine christliche Frömmigkeit, die den Sinnen keinen Eintrag tat, und das war diejenige seines neuen Ideals. Franz ging es nicht um Unterdrückung der Leidenschaft, ihm kam es auf ihre Umwandlung und Durchlichtung an. Nach ihm können die Triebe des Menschen, wenn ihnen ein hohes Ziel gegeben wird, in Tugenden umgegossen werden. Die natürlichen Bedürfnisse wollte er nicht unterbinden, da Gott sie in den Menschen hineingelegt habe. Das Christentum will nach Franz von Sales die Welt heiligen, nicht aber sie aufheben. Aus dieser Überzeugung floß seine erfrischende Natürlichkeit, die nichts Geschraubtes an sich hat und welche die Lektüre seiner Schriften zu einer solch angenehmen Beschäftigung macht. Oft wiederholte er das Jesus-Wort:«Esset, was euch vorgesetzt wird.» (Lk 10,7), und zog daraus den Schluß, in diesen Dingen sich nach dem Geschmack der andern zu richten, ohne sich beständig von den übrigen Menschen zu unterscheiden. Er hielt es mit der Frömmigkeit durchaus vereinbar, sich schön zu kleiden, Theater zu besuchen, und was noch mehr dergleichen Lustbarkeiten sind, wenn er auch vor jedem Übermaß warnte. Nicht in der Verachtung der menschlichen Neigungen sah er die wahre Frömmigkeit, sondern in der sinngemäßen Einfügung in die richtig verstandene religiöse Lebensführung.

Ebenso wollte Franz von Sales nichts von einer Frömmigkeit wissen, welche ein finsteres, vergrämtes Gesicht zur Schau trägt. Das war ihm ein unangenehmer Anblick. Traurigkeit war für ihn kein Merkmal ernster Frömmigkeit, vielmehr deren Feind. «Die ungeordnete Traurigkeit trägt Verwirrung in die Seele»[12] und muß als Gegner bekämpft werden. «Ich habe es Ihnen gesagt, und schreibe es jetzt wieder, ich will keine absonderliche, unruhige, traurige, griesgrämige und verdrossene Frömmigkeit, sondern eine milde, sanfte, angenehme und friedliche, mit einem

Wort, eine freie und frohgemute, die liebenswürdig ist vor Gott und den Menschen.»[13] Selbstverständlich wußte auch Franz, daß man nicht immer Herr seiner Stimmungen sein und sich ihrer nicht bedienen kann, wie man will. Aber seelische Niedergeschlagenheit muß bekämpft werden, gleich wie die Skrupeln, die Gottes Willen durch spitzfindige Untersuchungen entdecken wollen und nach einer Entscheidung die Wahl wiederum bezweifeln. Franz von Sales liebte Selbst-Quälereien nicht und betonte immer wieder, daß «die wahre Frömmigkeit keine zerstörende, sondern eine aufbauende, ja vervollkommnende Macht in der Welt ist»[14]. Alles trübsinnige Grübeln war seiner unbefangenen Natur entgegengesetzt. Der Traurigkeit stellte er immer wieder die Freude gegenüber, und er ermahnte den Christen: «Erwecken Sie in Ihrem Geist oft das Gefühl der Freude und Fröhlichkeit und glauben Sie fest, daß dies der wahre Geist der Frömmigkeit ist.»[15] Franz von Sales selbst war ein froher Mensch, der eine musikalische Heiterkeit anstrebte, und darin liegt das Geheimnis seiner Anziehungskraft. Ein heiliger Optimismus erfüllte diesen Mann, der in der vollzogenen Erlösung die Hauptwahrheit des Christentums erblickte und unerschütterlich an den Sieg des Lichtes über die Finsternis glaubte. Nach seiner Auffassung wurde der gute Kern des Menschen und die Schönheit der menschlichen Natur trotz der Erbsünde nicht zerstört und der Stand der Unschuld weit übertroffen vom Stand der Erlösung.

Die Krone setzte Franz von Sales seinem neuen Frömmigkeitsideal mit dem Bekenntnis zur Freiheit und zur Weitherzigkeit auf. Ausdrücklich wollte er nicht andere zu seiner Weise herüberziehen, sondern war darauf bedacht, jedem seine Freiheit zu lassen. «Gott ist nicht kleinlich.»[16] Diese Erkenntnis erfüllte Franz mit einer weitherzigen Liebe und er arbeitete daran, das menschliche Herz zu erweitern. «Vor allem soll die heilige Freiheit und Weiterzigkeit herrschen; ‹wir› sollen kein anderes Gesetz, keinen andern Zwang haben als den der Liebe», schrieb er in einem seiner Briefe und hielt dafür, «für eine gute Sache zu kämpfen, wenn ich die heilige liebreiche Freiheit des Geistes verteidige, die ich, wie Sie wissen, besonders ehre, vorausgesetzt, daß sie wahr ist und fern von Ausschweifung und Zügellosigkeit, die nur Masken der Freiheit sind».[17] Diese Worte bilden keine Phrasen im Munde des Bischofs von Genf. Die weiterzige Freiheit des Geistes bedeutete für diesen Mann tatsächlich eine heilige Angelegenheit, die ihn zu einer der lichtvollsten Gestalten innerhalb der Kirche machte.

Im Hinblick auf sein neues Frömmigkeitsideal fragt man sich, ob Franz von Sales zu den großen Heiligen zu zählen sei. Der Verfasser der «Philothea» gehörte nicht zu jenen Geistern, die mit einer verschwenderischen Fülle von Ideen ausgestattet waren. Es ist nur eine ganz bestimmte Anzahl von Gedanken, die bei ihm immer wiederkehrt, und der Raum seiner Ansichten ist bald durchschritten. Aber er besaß etwas, was mehr wiegt als die gedankliche Fähigkeit, Systeme aufzubauen: sein neues Frömmigkeitsideal war von einer seltenen Wärme durchpulst. Mit ihm gelang es dem Bischof von Genf, jenes neue Wort auszusprechen, auf das seine Nation zu jener Stunde wartete. Ihm war es gegeben, den an sich praktischen Katholizismus noch lebensnaher zu machen und namentlich der französischen Dame ein ins Feine ausgearbeitetes Christentum nahezubringen, daß ihren erhabenen Gefühlen und ihrer gesellschaftlichen Form entsprach. Seine Frömmigkeit ging nicht darauf aus, die große Vergangenheit gegen die klägliche Gegenwart auszuspielen, sondern er versuchte vielmehr, zu der neuen Zeit ein positives Verhältnis zu gewinnen. Da er seine Religiosität liebenswert und anziehend zu machen verstand, wurde die «Philothea» das geistliche Brevier für weltliche Gemüter genannt, das ein Mensch schrieb, der Gott und die Welt liebte. Man gab Franz von Sales schon den Titel eines Weltmannes unter den Heiligen, und das ist im Hinblick auf seine geformte Persönlichkeit keine zweideutige Aussage. Die Liebenswürdigkeit seines Wesens war in der Tat außerordentlich und hätte kaum größer sein können. Mit seinem Ideal der Frömmigkeit in der Welt kam er den Weltleuten so weit entgegen als nur möglich. Ja, er ging darin bis an den äußersten Rand des Statthaften.

Franz von Sales' Frömmigkeitsübung in der Welt war in ihrer weitherzigen Tendenz zu neu, um sogleich durchdringen zu können. Es brauchte Zeit, bis sie sich dieses ungewohnte Ideal angeeignet hatte. Wie alles Neue erlebte auch diese Religionsauffassung zuerst ihre Bestreitung, weil sie sich zu stark von der Tradition unterschied und dem kirchlichen Menschen zu fremd war. Man bezichtigte denn auch Franz des Leichtsinnes, daß er den christlichen Ernst nicht kenne. Als die «Philothea» erschien, wurde sie wegen ihrer Ausführungen über die Moral in Verruf gebracht, man schmähte sie in beleidigenden Ausdrücken und verbrannte sie sogar als ein Ärgernis erregendes Buch. Ihre Ansichten betrachtete man als Lockerung der christlichen Disziplin, und ihr Verfasser mußte verschiedene Angriffe über sich ergehen lassen. Man höhnte ihn als den Erfinder dessen, wie man auf Rosen ohne Dornen zum Himmel wandeln könne. Ganz unverständlich ist diese Zurückweisung nicht. «Dieser Sieg durch Umgehung» war in der Tat eine ungewöhnliche Lehre, wie auch seine Anweisung, Schwierigkeiten nicht zu brechen, sondern durch Nicht-mehr-daran-Denken zu lösen. Was sollte man zu jener Ausführung in der «Philothea» sagen, da der Heilige allen Ernstes rät: «Tanze und spiele jedoch ruhig, wenn Klugheit und vernünftige Rücksicht Dir dazu raten: etwa um einer anständigen Gesellschaft einen Gefallen zu erweisen! Denn die Gefälligkeit ist eine Tochter der Liebe. Sie macht Gleichgültiges zu Gutem und Gefährliches zu Erlaubtem. Ja, sie nimmt sogar Dingen, die in gewissem Sinne schlecht sind, ihre Schlechtigkeit.»[18] Über die gefährliche Kühnheit dieser Auffassung stutzten begreiflicherweise viele ängstliche Gemüter der damaligen Zeit und bezichtigten den Bischof von Genf der leichtfertigen Nachsicht, um nicht zu sagen, der Laxheit. Die Frage ist berechtigt, ob Franz von Sales das Christentum nicht zu herabgesetztem Preis angeboten habe. Ist seine Frömmigkeit in der Welt nicht eine samtweiche Allerweltsfrömmigkeit geworden, die in ihrer Nachgiebigkeit vom Menschen keine Anstrengung mehr fordert? Sind seine Fischnetze nicht allzu groß geworden, so daß auch alle lauen Christen bequem darin Platz haben? Wirkte in seiner christlichen Lebensphilosophie, als was die «Philothea» aufzufassen ist, nicht der Einfluß der jesuitischen Lehre nach, die er in Paris als Jungendlicher in sich aufgenommen hatte? Durch welch tiefen Graben ist doch dieses neue Frömmigkeitsideal von dem erhabenen Ernst eines Blaise Pascal getrennt, welcher die Nacht über Gethsemane in einer Weise erlebt hat, die noch heute erschüttert. Ein unüberbrückbarer Gegensatz trennte Franz von Sales, der das Natürliche heiligen wollte, von Pascal, bei dem sich die Heiligkeit in einer grauenhaften Zerstörung seiner Genialität auswirkte. Es gibt wenige, die in ihrer religiösen Haltung durch eine solche tiefe Kluft getrennt sind wie die «Philothea» und die «Pensées». Wer die pessimistische Christlichkeit Pascals mit ihrem grollenden Haß gegen das Ich in sich aufgenommen hat, wird ein gewisses Mißtrauen gegenüber dem religiösen Optimismus des Franz von Sales nur sehr schwer beseitigen können.

Gleichwohl bilden diese Bedenken nicht das letzte Wort über den Bischof von Genf und sein neues Frömmigkeitsideal, das eine vornehme religiöse Welt verkörpert und den Laien den Weg zur Vollkommenheit zeigen will. So entgegenkommend Franz in neutralen Sachen war, in prinzipiellen Fragen blieb er fest wie ein Fels und hat nie aus Höflichkeit geschwiegen. Man tut ihm Unrecht, wenn man ihn als Mensch bezeichnet, der sich den Umständen anzupassen weiß, wie dies auch von katholischer Seite schon geschehen ist[19]. Er hat vielmehr versucht, den schweren Grundsatz des Paulus zu verwirklichen, der den Juden ein Jude und den Griechen ein Grieche geworden ist und sich bemühte, allen alles zu werden. Der Bischof von Genf hat sich nicht einfach dem Zeitlauf angepaßt und die Situation ausgenützt. Er hat vielmehr bewußt auf seine Zeit einzuwirken versucht. Aber er tat dies nicht in der Weise, wie es bei vielen Christen zu allen Jahrhunderten geschehen ist, indem das Leben durch den Geist vergewaltigt wird. Von diesem hochmütigen Zwang ist bei ihm keine Spur wahrzunehmen. Er hat vielmehr das Leben als das große Geschenk Gottes angesehen und war immer wieder bereit, zu lernen und sich von ihm lenken zu lassen. Diese Einstellung läßt aus seinen Schriften jenen wohlriechenden Duft ausströmen, den man nicht genug einatmen kann. Er ist darin Goethe verwandt, der eine ähnliche Haltung in seiner überlegenen Altersweisheit zum Ausdruck brachte. Auch bei Franz von Sales darf man im Hinblick auf die erleuchtete Milde von einer religiösen Lebenskunst sprechen, der man nur selten begegnet. Der Verfasser der «Philothea» vertritt frei von jeglicher Verquältheit eine heitere Religiosität, welche das ganz Weltgeschehen durch Christi Erlösung verklärt betrachtet. Diese frohgemute Auffassung hat nichts mit Oberflächlichkeit zu tun, sowenig wie der Sündenpessimismus «tiefer» ist als der religiöse Optimismus. Nicht nur der Heroismus verkörpert eine bewundernswerte Haltung; die überlegene Heiterkeit, welche Heiligung als Entfaltung und nicht als Vernichtung des tiefsten Verlangens des menschlichen Herzens versteht, tut es nicht minder. Die Freude ist christlicher als der Ernst, denn die echte religiöse Heiterkeit ist durch den Ernst hindurchgegangen und über ihn hinausgelangt. Wenn auch Franz von Sales' neues Frömmigkeitsideal noch nicht als heilig bezeichnet werden kann, so befand er sich doch mit ihm unzweifelhaft auf dem Weg zur Heiligkeit.

Die »Philothea» hat in Frankreich segensreich gewirkt. Auf diesem Fischzug gab es so volle Netze, daß sie kaum einzubringen waren. Franz von Sales' Einfluß war groß, bereits zu seinen Lebzeiten, und wuchs nach seinem Tode noch weiter. Das christliche Frankreich wurde von seinen Schriften nachhaltig beeindruckt, und seine Auswirkungen wären noch stärker gewesen, wenn sie nicht durch die Kämpfe zwischen Jesuitismus und Jansenismus übertönt worden wären. Doch kam sein Wort nicht leer zurück, sondern trug Früchte, von denen die wichtigsten wenigstens kurz anzudeuten sind.

Das Religiöse stand im Frankreich den 17. Jahrhunderts in Gefahr, zu einer bloßen Formsache zu werden. Es drohte immer mehr, in ein bloßes Brauchtum auszuarten, und hatte nur noch wenig mit dem Innern des Menschen zu tun. In den Adelskreisen wurde das Christentum vorwiegend unter dem Gesichtspunkt der höfischen Tradition betrachtet. Franz von Sales erkannte die tödliche Gefahr, welche der Religion daraus erwachsen mußte, wenn sie nur noch als eine Sache des bloßen Herkommens aufgefaßt wird. Für ihn war Frömmigkeit nicht eine Angelegenheit, deren Vorschriften man aus reinen Vernunftgründen beobachtete. Doch war er keineswegs bestrebt, den Verstand auszuschalten, der bei ihm seine volle Anerkennung fand. Er nannte die Ratio eine Gottesgabe, die zur Geltung gebracht werden müsse, weil die Vernunft «den Menschen gottähnlich mache»[20]. Aber das Christliche hat es nach ihm doch in erster Linie mit dem Gefühl zu tun. Die Religiosität muß im Gefühlsleben des Menschen verankert werden, denn «unser geistiges Leben ist das, was unser Gefühl bewegt»[21]. Damit hat Franz von Sales keiner Gefühlsduselei das Wort geredet. Das Gefühl braucht nicht weich, es kann unter Umständen sehr stark und kräftig sein. Aber es ist unentbehrlich für jede lebendige Religiosität, die nicht in marmorkalter Vernünftigkeit erstarren will. Diese Mahnung war im damaligen Frankreich gegenüber dem aufsteigenden Rationalismus von Descartes dringend nötig. Eine der Hauptbestrebungen Franz von Sales' ging dahin, im religiösen Leben das Gefühl wieder zu erwecken, die Frömmigkeitsausübung nicht in Gewohnheit absterben zu lassen, sondern sie mit Gefühlswärme zu durchdringen, und das ist eine nicht genug zu schätzende Bestrebung. Daraus ging seine Förderung der Andacht zum Herzen Jesu hervor, die nach Millers feinsinniger Studie über Franz von Sales zur «Lieblingsandacht im Katholizismus geworden ist, in der die Mystik aus der Seele des Einsamen über die ganze katholische Welt geflutet ist, die Mystik des Volkes, die mystische Feier, die wir feiern, wenn im Juni die ersten Rosen blühen und die blassen Narzissen und der schneeige Jasmin ihre Blütenträume aushauchen, und wenn der Sonnenhimmel glüht über der duftenden, blühenden Welt. Und diese Andacht ist das Lächeln, das von dem Antlitz des Franz von Sales in der Kirche zurückgeblieben ist.»[22] Es war seine große Tat, dem französischen Katholizismus der Gegenreformation das warme Gefühl zurückgegeben zu haben. Fortunat Strowski deutet diese Leistung schon mit dem Titel seiner Abhandlung an: «Der heilige Franz von Sales und das religiöse Empfinden». Man kann diese Bestrebung mit dem Barockzeitalter in Zusammenhang bringen und wird damit nicht fehlgehen. Franz von Sales war eine typische Barockgestalt, die ihrem Jahrhundert den Tribut entrichtet hat. Doch wenn er auch als Vertreter des gefühlsbetonten Barock bezeichnet werden muß, soll dadurch seine Leistung nicht verkleinert werden. Er hat nur vollbracht, was ihm aufgetragen war. Seiner religiösen Gefühlssicherheit lag die Einsicht von den zwei Methoden zur Gewinnung der Menschen für die Religion zugrunde. Nach Franz von Sales kann man Vernunftschlüsse anwenden, um den Menschen die Wahrheit des Christentums zu beweisen, oder man kann die Gründe des Herzens geltend machen, um ihn für die Frömmigkeit zu gewinnen. Der Bischof von Genf entschied sich eindeutig für die zweite Möglichkeit, weil er statt bloßer Zustimmung Zuneigung erringen wollte. Er versuchte bewußt durch das Herz auf den Verstand zu wirken und betrachtete es als die ebenso große wie seltene Kunst, eindringlich zum Herzen zu reden, ohne dabei einer Sentimentalität zu verfallen. Um den Weg zum Herzen zu finden, bemühte Franz von Sales sich auch, die Sprache des großen reinen Herzens zu sprechen, weil nur das Herz zum Herzen spricht. Mit dieser wahrhaft christlichen Bestrebung ordnete er sich in die Reihe der Heiligen ein.

Zu dieser bedeutsamen Leistung gesellte sich noch eine weitere Tat, die Franz von Sales' Namen unsterblich machte. Sein Zeitalter war durch die Gefahr einer Auflösung der Christenheit gekennzeichnet. An dieser abwegigen Entwicklung hatte auch der Humanismus Anteil, der von jeher eine vieldeutige Bewegung war und in den verschiedenen Ländern des Abendlandes nicht die gleiche Ausprägung erfuhr. Auch jene Richtung, welche den Humanismus nicht als Gelehrtenbewegung, die zur Entstehung der modernen Naturwissenschaft geführt hat, auffaßte, sondern ihn als Bildungsbewegung verstand, mit dem Bestreben, die Wahrheit schön zu reden, drohte vom Christentum wegzuführen. Durch das ausschließliche Interesse am Menschen wurde derselbe zum Maß aller Dinge gemacht, und dies mußte letzten Endes auf eine Unterhöhlung der Religiosität hinauslaufen. Die Trennung von Christentum und Humanismus entwickelte sich nicht zum Vorteil beider Größen, da im geistigen Leben etwas Zentrales fehlt, wenn die Humanität verdächtig gemacht wird, und der Humanismus andererseits seine abendländische Tradition verläßt, wenn er auf das Christentum verzichtet. Zu den wenigen Menschen, welche die schweren Folgen dieser verhängnisvollen Entwicklung klar erkannten, zählte Franz von Sales. Seiner geistigen Struktur nach gehörte er beiden Gebieten an. Er hatte als Christ die Bildung des Humanismus in sich aufgenommen und verleugnete den Humanisten in sich selbst nie. Auch da, wo er mit ihm nicht einverstanden sein konnte, ist ihm dessen Menschlichkeit doch nicht fremd geworden, so daß er Montaignes von gezügelter Skepsis erfüllte Werke zustimmend in seinen Schriften zitierte. Als religiöse Natur aber war Franz dem Christentum verhaftet, und zwar so stark, wie man dies nur sein konnte. Ihm hatte er sein Leben gewidmet, und es mußte ihn schmerzen, wenn die zwei Bewegungen, denen er beiden sich verpflichtet fühlte, total auseinandergingen. Weder auf das Christentum noch auf den Humanismus konnte er verzichten und glaubte auch nicht an deren innere Gegensätzlichkeit. Seiner harmonischen Natur, die aufs Versöhnen von Widersprüchen angelegt war, entsprach das Bestreben, eine Verbindung zwischen beiden Bewegungen herzustellen; nach ihr hielt er Ausschau und strebte sie auch bewußt an. Sein neues Frömmigkeitsideal mit der Versöhnung von Natur und Übernatur, mit seiner Vereinigung von profaner Sphäre und Heiligkeitsstreben ist im Grunde nichts anderes als eine Verschmelzung von Humanismus und Christentum. Was Franz von Sales wollte, hat Henri Bremond mit dem trefflichen Ausdruck «humanisme dévot» umschrieben[23]. Der religiös fundierte Humanismus, der auf der Betonung der Gottebenbildlichkeit des Menschen begründet und von christlichen Kräften bewegt ist, muß als das große Anliegen des Franz von Sales bezeichnet werden, dem seine innerste Sehnsucht galt[24]. Mit seinem Bestreben, den Humanismus der Frömmigkeit dienstbar zu machen, führt der Bischof von Genf jene Tradition weiter, an der schon Clemens Alexandrinus, Origenes, Petrarca und Erasmus gearbeitet haben. Durch seinen christlichen Humanismus hat Franz von Sales der katholischen Kirche Frankreichs im 17. Jahrhundert eine neue Seele eingehaucht. Die Verwirklichung eines religiösen Humanismus ist der bleibende Ertrag seines Fischzuges, der einer Schönheit gleich ist, die derjenigen des Gemäldes von Konrad Witz kaum nachsteht.

IV

Bevor Franz zur letzten Stufe seines Aufstieges gelangte, ereignete sich in seinem Leben ein Zwischenspiel, das für seine persönliche Entwicklung von größter Bedeutung wurde. Dieses persönliche Erlebnis besteht in der Beziehung zu Johanna von Chantal, jener Frau, die mit seinem Namen immer verbunden bleiben wird. Was diese beiden Menschen miteinander erlebten, ist von einer Einmaligkeit, daß man auch in der ungewöhnlichen Welt der Heiligen keine Parallele dafür findet. An sich sind freundschaftliche Beziehungen zwischen Mann und Frau bei Heiligen mehrfach anzutreffen. Es ist nur an das Verhältnis von Hieronymus und Paula, von Franziskus und Klara, von Theresia und Johannes vom Kreuz zu erinnern. Die Freundschaft zwischen Franz von Sales und Johanna von Chantal stellt aber in der Welt der Heiligen doch ein neues Ereignis dar, das man zunächst kaum einzuordnen imstande ist. Es als bloße Sonderbarkeit zu bewerten, geht kaum an, da einen diese Beziehung vor Fragen stellt, wie: Sind Eros und Religiosität einander tatsächlich feindlich gesinnt? Vernichtet glühende Frömmigkeit jedes Gefühl für das andere Geschlecht? Oder erhebt unter Umständen das Religiöse die erotische Liebe zur höchsten Form? Diese Problemstellung erfährt durch die beiden Menschen Franz von Sales und Johanna von Chantal eine neue, ungewohnte Antwort.

Das einzigartige Erlebnis, welches diese beiden Heiligen miteinander verband, konnte nur entstehen, weil auch Johanna von Chantal ein außerordentlicher Mensch war. In der «feinen Spitze ihres Geistes» nicht alltäglich, nötigt einem ihr Seelenleben noch größere Bewunderung ab als ihr gewinnendes Äußeres. Franz von Sales empfand sie als «das vollkommene Weib, das Salomo in Jerusalem suchte und nicht fand»[25]. Sie war eine Frau von kraftvoller Energie und starken religiösen Interessen. Um ihre Versuchungen gegen den Glauben handgreiflich zu widerlegen, die sie auch später immer wieder bedrängten, brannte sie sich selbst mit einem glühenden Eisen auf ihre Brunst den Namen Jesu ein, ungeachtet des Blutes, das dabei herabfloß. Ihre beinahe männliche Herbheit zeigte sich in ihrem Verhalten dem Widerstand gegenüber, den ihre gesamte Familie dem Plan, ins Kloster einzutreten, entgegensetzte. Der fünfzehnjährige

Sohn fiel ihr beim Abschied um den Hals und bat sie flehentlich zu bleiben. Da alle seine Worte ohne Wirkung blieben, machte er noch einen letzten Versuch, in dem er sich der Länge nach über die Türschwelle legte und schluchzend zu ihr sagte: «Meine Mutter, wenn ich dich nicht zurückhalten kann, dann sollst du nur über den Leib deines Sohnes hinausgehen können.»[26] Johanna konnte die Tränen nicht zurückhalten, blieb einige Augenblicke unentschlossen stehen und schritt dann über ihr Kind hinweg! Über dieses religiöse Drama ist ein schnelles Urteil nicht angebracht. Vor allem ist zu sagen, daß das Wort Jesu «Wer Sohn oder Tochter mehr liebt denn mich, der ist meiner nicht wert» (Mt 10,37) im Leben dieses Menschen unheimliche Aktualität erreichte und vorübergehend zur Zerreißung der nächsten Familienbande führte. Nur eine religiös heroische Natur, wie es Johanna von Chantal war, konnte eine solche Handlung begehen.

Das erste Kennenlernen zwischen Franz und Johanna mutet wie der Beginn eines Romans an. «Wer ist diese junge blonde Dame in Witwenkleidung, die bei der Predigt mir gegenübersitzt und das Wort der Wahrheit so aufmerksam anhört?», erkundigte sich der Bischof von Genf und erfuhr, daß es die Baronesse Johanna von Chantal sei, die damals zweiunddreißig Jahre alt war[27]. Sie war eine Schönheit mit vollen Formen, frei von Stolz, voller Liebenswürdigkeit, mit einem reizenden Lächeln um die Lippen und sehr intelligent. Zu jener Zeit befand sich Johanna von Chantal in einer seelisch aufgewühlten Verfassung, in welcher sie sich verzehrte, abmagerte und einen umflorten Blick erhalten hatte. Ihren Gatten, mit dem sie in guter Ehe verbunden gewesen war, hatte sie vor kurzem infolge eines Jagdunglückes verloren. Es kam zu einer persönlichen Begegnung zwischen Franz von Sales und Johann von Chantal, deren

Seelen alsogleich den großen Mittag ihres Lebens nahen fühlten. Obschon Franz sonst wünschte, daß «religiöse Herren und Damen stets die Bestgekleideten der Gesellschaft» sein sollten, störte ihn einzig die elegante spitzengeschmückte Kleidung der Baronin, und er machte darüber eine Andeutung. Johanna paßte sich in ihrer Kleidung sofort den Wünschen Franz von Sales' an und bat bei ihm um eine Beichte. Damit war das Eis zwischen ihnen gebrochen, und Franz erklärte später: «Von dem Augenblick an, da Sie mit mir über ihr Inneres zu sprechen begannen, schenkte mir Gott eine große Liebe zu Ihrem Geiste», und für Johanna gab es bald kein anderes Glück mehr als «immer in seiner Nähe zu weilen»[28]. Die junge Witwe kehrte sich von ihrem bisherigen, etwas grobschlächtigen Beichtvater ab, obwohl sie durch ein Gelübde an ihn gekettet war. Sie wählte Franz zu ihrem neuen Seelenführer, der in seiner Feinfühligkeit ihrem Wesen viel mehr entsprach und ihr mit einer Unbefangenheit gegenübertrat, die sich scharf von der Einstellung eines Aloysius von Gonzaga unterscheidet, welcher nach seinen älteren Biographen nicht einmal mit seiner Mutter gerne im gleichen Zimmer weilte. Franz von Sales besaß eine prinzipiell andere Auffassung von der Frau als jene Kirchenväter, welche in ihr nur eine Lockspeise des Teufels sahen.

Nach einiger Zeit kam es zu einer erneuten Begegnung, welche die Entscheidung herbeiführte. Beide Menschen hatten in der Zwischenzeit vor Gott gerungen, ob ihre Beziehung erlaubt sei, und glaubten, die göttliche Zustimmung erhalten zu haben. Als sie nun miteinander im Zimmer waren, kniete zuerst die Baronin nieder, legte ihre Lebensbeichte ab und gelobte mit bebender Stimme, alle Weisungen Franz' mit kindlichem Gehorsam zu befolgen, wodurch er eine unbedingte Autorität über sie erlangte.

Franz von Sales gab ihr hierauf das Versprechen, sie stets liebend zu leiten und zugleich das Jawort, das seine Seele für immer an Johanna band. Mit stockender Stimme, die deutlich seine innere Erregung verriet, teilte er ihr diesen Entschluß mit, und der Bund ihrer Seelen war geschlossen. Dann gingen sie miteinander in die Kirche, und Franz las die Messe: «Im Augenblick der Wandlung legten sie ihr gegenseitiges Versprechen in Gottes Hände und erneuerten als Grundlage ihrer gottgeweihten Liebe das Gelübde ewiger Keuschheit.»[29] Gleich nach der Messe legte Franz das Versprechen in einem Schriftstück nieder, das er Johanna übergab und welches sie seit diesem Tag beständig in einem Täschchen am Halse bei sich trug[30]. Durch das Gelübde der Keuschheit war Johanna unlöslich mit Franz verbunden, und er brauchte nicht mehr zu befürchten, sie an einen anderen Mann zu verlieren.

Da die beiden Heiligen zunächst nicht in der gleichen Stadt wohnten, wurde zwischen ihnen ein häufiger Briefwechsel geführt, der leider nur teilweise erhalten ist. Johanna von Chantal hat die meisten eigenen Briefe vernichtet und auch gewünscht, daß bei der Herausgabe von Briefen des Franz von Sales «alle Worte der Liebe» gestrichen werden sollten. Doch gibt schon die erste Zeile der erhaltenen Briefe die Tonart an, die in allen weiterklingt: «Gott, so scheint es mir, hat mich Ihnen gegeben, das wird mir jede Stunde gewisser.»[31] Die übliche Anrede «Madame» verschwand bald und machte der wärmeren Begrüßungsformel Platz «meine liebe, meine unvergleichlich liebe Tochter». Von Johanna von Chantal will Franz nicht als «Monseigneur» angeredet werden, da er sich als «Sohn ihres Herzens» fühlte. Die Kundgebung seiner Zuneigung, die sich nicht nur auf liebevolle Anreden beschränkte, ist als Zärtlichkeit im Geiste keineswegs abwegig zu beurteilen, ist doch Zartheit eine der edelsten und seltensten Eigenschaften des Mannes. Manchmal riß das Gefühl Franz von Sales einfach fort, und er ließ «der Liebe die Zügel schießen». Dann schrieb er «außer Atem» und fand doch nicht die genügend starken Worte für seine Liebe: «Ich kann nicht sagen, was mein Herz sagte, denn Sie wissen, die Herzen haben eine geheime Sprache, die niemand außer Ihnen versteht.»[32] Franz versichert die Baronin, daß sein Herz «tausendmal des Tages» bei ihr sei, die Briefe werden auch immer häufiger und sprechen eine Sprache, die an Deutlichkeit nichts zu wünschen übrig läßt: «O Gott, meine sehr liebe Tochter, ich beteure es und tue es mit dem ganzen Herzen, das mehr Ihnen als mir gehört, daß ich die Entbehrung lebhaft empfinde, weil ich Sie heute nicht sehen kann … Gute Nacht also, meine Tochter, ganz die meine! Ich möchte, ich könnte Ihnen die Empfindung beschreiben, die ich heute bei der Kommunion über unsere Einheit hatte; es war eine große, vollkommene, innige, mächtige und fast wie ein Gelübde und eine Weihe.»[33] Das Gefühl, das Franz für Johanna empfand, war nach seinen eigenen Ausdrükken «stark, unveränderlich und ohne Maß und Vorbehalt, aber süß, leicht, ganz rein, ganz ruhig, kurz, wenn mich nicht alles täuscht, ganz in Gott»[34]. Auch Johanna empfand das gleiche für Franz, sie hätte mit Freuden alles in der Welt für das Glück gegeben, nur als Dienstmädchen in seinem Hause zu sein, um alle Worte zu hören, die von seinen Lippen kamen.

Die Beziehung, welche die beiden Heiligen miteinander verband, ruhte auf einer sachlichen Grundlage, die sich auch in einer gemeinsamen Arbeit kundtat. Franz von Sales hatte sich mit dem Gedanken einer Ordensgründung für jene Frauen beschäftigt, die voller Opferfreudigkeit nach Vollkommenheit dürstend, ihrer geschwächten Gesundheit wegen die schweren Klostersatzungen doch nicht auf sich nehmen können. Franz von Sales schwebte eine kühne Verbindung von Welt und Zelle vor, wobei die persönliche Heiligung mit der werktätigen Liebe verbunden und an Stelle der nächtlichen Bußübungen der Dienst an Armen und Kranken treten sollte. Die Visitantinnen, die sowohl ein beschauliches Dasein als eine Wirksamkeit in der Öffentlichkeit führen, verwirklichen auf ihre Weise Franz von Sales' neues Frömmigkeitsideal. Johanna von Chantal fühlte, wie ihr Witwendasein durch diesen Plan einen neuen Lebensinhalt bekam, und sie ging mit großer Begeisterung auf die geplante Ordensgründung ein. Sie siedelte nach Annecy über, in die Stadt von Franz von Sales' bischöflicher Residenz, und gründete mit ihm zusammen den «Orden von der Heimsuchung». Seine Idee eines Klosterlebens ohne Klausur war für die damalige Zeit zu neuartig, um verstanden zu werden. Erst ein anderer Heiliger, der ihm verbundene Vincent von Paul, konnte diesen Plan verwirklichen. Franz mußte auf kirchlichen Druck hin die Satzungen einer Abänderung unterziehen, welche die Kongregation in einen geschlossenen Orden umwandelte, in welchem die Visitantinnen sich vorwiegend der Erziehung von Mädchen widmeten. Dank dem unermüdlichen Einsatz von Johanna von Chantal erlebte der abgeänderte «Orden von der Heimsuchung» eine große Verbreitung und erweist sich bis heute als lebenskräftige Gemeinschaft[35].

In der Beziehung zwischen Franz und Johanna hatte nicht einseitig der Bischof von Genf die aktive Rolle inne. Gewiß war er zunächst der führende Teil, aber Johanna war eine viel zu starke Persönlichkeit, um ihm gegenüber auf jede Selbständigkeit zu verzichten. Wie in jedem lebendigen Verhältnis war es ein gegenseitiges Nehmen und Geben. Auch Franz von Sales hat durch Johanna von Chantal neue Möglichkeiten erlebt, sie hat in ihm Kräfte entbunden, die bis dahin ungeweckt geschlummert hatten und die für die Vollendung seines religiösen Aufstieges von unvergänglicher Wichtigkeit waren. In einem Karmeliterkloster zu Dijon lernte Johanna von Chantal bei der Priorin Anna von Jesu, einer Lieblingsschülerin der Theresia von Avila, die mystische Gebetsweise kennen. Das innerste Gebet, welches in einem wortlosen Atmen der Liebe in unmittelbarer Gegenwart Gottes besteht, empfand Johanna von Chantal die Erfüllung ihrer Sehnsucht, und sie teilte die Entdeckung voller Freude auch Franz von Sales mit. Er verhielt sich zuerst zurückhaltend und ging nur zögernd auf das innere Gebet ein. Doch übernahm er die mystische Gebetsweise schließlich und baute sie seinem Lebensgefühl ein, das erst dadurch seine letzte Ausprägung erhielt. Franz erreichte seine abschließende Höhe durch die Wendung zur Mystik, wobei Johanna von Chantal die Vermittlerin war.

Bei der reichhaltigen gegenseitigen Förderung erfuhr die Beziehung zwischen Franz und Johanna eine Steigerung, welche ihrem Höhepunkt zustrebte. Franz umsorgte Johanna mit einer Aufmerksamkeit, wie sie mancher Ehemann nicht aufbringt. Konkreten Fragen, ob der Kuß in der Freundschaft erlaubt sei, wich der Bischof von Genf nicht aus und beantwortete sie in seiner liebevollen Freiheit dahin, daß das Küssen eine Kundgebung der sinnlichen Gefühle sei, aber als Symbol der geistlichen Liebe keineswegs als eine tadelnswerte Gebärde gewertet werden dürfe. «Jakob küßte Rahel an dem Brunnen, und beide waren doch Muster der Keuschheit», meine Franz von Sales[36]. Sicher hat Johanna sich nie in verzehrender Unbefriedigtheit gegenüber Franz unglücklich gefühlt. Erfüllung ließ er ihr zuteil werden, indem ihre Seelen sich immer mehr näherten, und er seinem Herzen nicht mehr gestattete, irgend etwas vor ihrem Herzen zu verheimlichen. Offen gestand er seine Unmöglichkeit, «das Mein und Dein zu trennen in dem, was uns betrifft»[37]. Von den Kindern der Baronin sprach er als von «unsern Kindern» und versicherte sie: «Ich halte diese Kinder für die meinen, weil sie die Ihren sind.»[38] Nie las er die Messe, ohne an Johanna zu denken. Sogar das erstaunliche Wort von ihrer «heiligen Einheit» taucht auf[39], und schließlich kam es im höchsten Jubel zur völligen Verschmelzung ihrer beiden Seelen: «Sie sind nach Denken und Wollen, ja in allem ein und dasselbe Wesen mit mir.»[40] Franz wagte an Johanna die berauschenden Worte zu schreiben: «Gott hat mir ‹eine Gehilfin gegeben›, die mir nicht nur ‹gleicht›, sondern eins mit mir ist, so daß sie und ich nur eine einzige Seele sind.»[41] Den Liebenden wurde zuletzt das glückhafte Bewußtsein zuteil: «Sie sind wahrhaft ich selbst, und ich bin in Wahrheit Sie selbst.»[42]

Dieses trunkene Einheitsgefühl konnte in seiner unaussprechlichen Innigkeit nicht mehr überboten werden. Es mußte als notwendige Reaktion auf diese höchstmögliche Übersteigerung ein Abstieg eintreten. Die rückläufige Bewegung in der Beziehung steht zugleich im Zusammenhang mit der spanischen Mystik, welche Johanna von Chantal dem Bischof von Genf vermittelt hatte. Dieser Verlauf hat mit einer innerlichen Entfremdung nicht zu tun, da die tiefe Sympathie, welche die beiden Menschen miteinander verband, unverändert bestehen blieb. Aber unter dem Eindruck der Schriften der Theresia von Jesu übte das Ideal des völligen Verzichts auf alles, was nicht Gott ist, auf Franz von Sales eine immer mächtigere Anziehungskraft aus. Dementsprechend verlangte Franz von Johanna auch die Loslösung von ihrer zarten Seelengemeinschaft, wodurch diese Beziehung ihre schwerste Probe zu bestehen hatte.

Johanna sträubte sich in echter Weiblichkeit gegen die erbarmungslose Abtötung, bildete für sie die Verbundenheit mit Franz doch das Teuerste auf Erden. Die rasch aufeinanderfolgenden Briefe, in denen Franz von Sales dieses größte Opfer verlangte, trafen sie wie Keulenschläge. Als ein im Innersten verwundeter Mensch schrie Johanna laut auf: «Mein Gott, mein wahrer Vater, wie dringt das scharf geschliffene Messer tiefer ... O Gott, wie leicht ist es, das zu verlassen, was um einen herum ist, aber seine Haut, sein Fleisch, sein Gebein zu verlassen, und bis ins innerste Mark vorzudringen, was wir, wie mir scheint, taten, das ist etwas Großes.»[43] Doch ging Franz auf die Tragödie, welche sich in der Seele Johannas abspielte, nicht ein. Er antwortete nur mit der tiefernsten Frage: «Wann wird dieser unerwartete Schlag bis auf den Grund treffen, wann wird die Eigenliebe nicht mehr nach Beisammensein, nach Kundgebungen und äußeren Zeichen verlangen, sondern voll gesättigt bleiben von der unveränderlichen und unwandelbaren Gewißheit, die Gott auf immer gibt?»[44] Nach dem angeblich so weichen Franz von Sales verlangt Gott diese harte Entblößung, da er allein im Herzen seiner Auserwählten wohnen will. «Denken Sie nicht mehr an die Freundschaft, noch an die Einheit, die Gott zwischen uns machte»[45], schrieb Franz an Johanna, die mit leisem Weinen zurückblieb, aber doch bis zu seinem Tode mit ihm treu zusammengearbeitet hat.

Es ist nicht leicht, das richtige Wort über diese Beziehung, welche ein unnachahmliches Vorkommen in der Geschichte der Heiligen darstellt, zu finden. Noch einmal meldet sich ein Bedenken gegenüber Franz von Sales, wenn auch nicht im Sinne einer sexuellen Verdächtigung. Franz hat seine Liebe zu Johanna als «weißer als der Schnee und reiner als die Sonne» bezeichnet[46]. Die makellose Reinheit dieser Freundschaft, in die keine geschlechtliche Begehrlichkeit hineinspielte, braucht nicht des langen bewiesen zu werden. Wer Franz von Sales und Johanna von Chantal näher kennt, zweifelt daran keinen Augenblick, denn beide Persönlichkeiten bezeugen dies eindeutig. Erstaunlich ist vielmehr, wie sie das Ziel der Einswerdung zweier Menschen erreicht haben, gerade unter Ausschluß der sexuellen Sphäre. Ob eine Verschmelzung körperlich oder seelisch zustande kommt, ist letztlich nur eine Verschiedenheit des Weges, aber nicht des Zieles. Das Mysterium der Liebe, in einem menschlichen Du voller Seligkeit unterzugehen, hat Franz auf dem Höhepunkt seiner Beziehung zu Johanna erlebt. Dieser Tatsache gegenüber kann jedoch die Frage nicht unterdrückt werden, ob er damit nicht etwas erschlichen hat, was ihm in Hinblick auf das Priestersakrament verboten war: die Vereinigung mit einer Frauenseele. Wurde ihm mit Johanna nicht jene geistige Verschmelzung zuteil, welche die Heiligen sonst nur mit Gott erleben? Wahrscheinlich war es die Einsicht in diese Zusammenhänge, welche ihn schließlich zum Abbau seiner ungewöhnlichen Freundschaftsbeziehung veranlaßte. Man ist wohl berechtigt, diese Bedenken zu äußern, muß jedoch berücksichtigen, daß Franz von Sales' fein entwickeltes Gewissen ihm die Innigkeit dieser Beziehung gestattet hat. Es ist dies ein erneuter Beweis für die außerordentliche Kompliziertheit seiner Seele, der mit einem vereinfachten Maßstab nicht beizukommen ist.

Auf alle Fälle darf der große Gewinn dieser äußerst feinen Beziehung nicht übersehen werden. Das Zwischenspiel im Leben des Franz von Sales ist jedenfalls eine neue Antwort auf die Frage nach der Bedeutung der Freundschaft für den Menschen. Das allezeit aktuelle Thema der Freundschaft hat Franz brennend interessiert, und es nahm in seinem Denken einen breiten Raum ein. Es ging für ihn um das Problem, ob der Mensch jene Seele finden kann, mit der er, durch Gefühle der Sympathie verbunden, die gleichen geistigen Interessen besitzt, mit der er gleich David und Jonathan seine Kleider tauschen möchte – oder ob dem Menschen dies alles versagt bleibt, und er stets innerlich einsam durch das Leben gehen muß. Franz von Sales war ein für die christliche Freundschaft bestimmter Mensch. Bei diesem französischen Bischof des Barockzeitalters hatte sie noch jene warme Tönung, die ihn schreiben ließ: «Es gibt also keine Freundschaft, die nicht auch Angleichung, Verschmelzung, ein Ineinanderübergehen wäre.»[47] Für Franz war es eine liebende Freundschaft, die ihn mit Johanna verband. Er hatte begriffen, daß echte Freundschaft ein ganz seltenes Talent darstellt, das wenigen verliehen ist und jedenfalls nur den Menschen, für die Geben seliger ist als Nehmen. Die einzigartige Liebes-Freundschaft Franz von Sales' mit Johanna von Chantal wirkt wie ein geistliches Menuett, zu dem ein Händel die Musik gemacht haben könnte, dem alle Engel neugierig zugeschaut haben und das nachzuahmen töricht wäre. Ein einziger falscher Schritt, und beide wären in den Abgrund gestürzt. Davor blieben sie nicht nur bewahrt, die Freundschaft hat ihnen vielmehr zur letzten Vollendung ihrer religiösen Bestimmung verholfen, weil sie ihre Beziehung nie als Selbstzweck betrachteten. Sie bedeutete ihnen immer gegenseitige Förderung auf seelischem Gebiet. Franz hat die Freundschaft als eine Brücke zum Ewigen erlebt, und sie hat ihm zur stärksten Annäherung ans Göttliche verholfen. Die wahre Freundesgemeinschaft ist ein wertvolles religiöses Gut, über das Nietzsche den Ausspruch tat: «Es gibt wohl hier und da auf Erden eine Art Fortsetzung der Liebe, bei der jenes habsüchtige Verlangen zweier Personen nacheinander einer neuen Begierde und Habsucht, einem gemeinsamen höheren Durste nach einem über ihnen stehnden Ideale gewichen ist: aber wer kennt diese Liebe? Wer hat sie erlebt? Ihr rechter Name ist Freundschaft.»[48]

V

«Fahret auf die Höhe und werfet eure Netze aus, daß ihr einen Zug tut» (Lk 5,4), dies Wort Jesu aus der Erzählung des wunderbaren Fischzuges kann als Motto über die letzte Phase von Franz von Sales' Leben gesetzt werden. Er blieb nicht mehr nahe am Ufer, sondern begab sich, erfüllt von einem neuen Entschluß, auf eine wirklich seltene Höhe, die leicht nicht erklommen wird und die ihn einen Fischzug tun ließ, der bis zum heutigen Tag seine Bedeutung hat.

Für Franz von Sales stand stets der Verkehr mit lebendigen Menschen im Vordergrund. Dieses Bedürfnis hat ihn frühzeitig zur Seelsorge gedrängt, die sich bei ihm durch sein ganzes Leben hindurch verfolgen läßt. Die Seelenführung muß als seine spezifische Begabung bezeichnet werden, und er wurde schon als Begründer der neuzeitlichen Seelenleitung angesprochen. Er besaß eine intime Kenntnis des menschlichen Herzens, die immer wieder überrascht, und verfügte über ein psychologisches Verständnis, wie man ihm selten begegnete. Um die betrübliche Verflachung der Seele durch öde Vergnügungen wußte er ebenso genau Bescheid wie um die unbeschreibliche Seligkeit, die in der Begegnung mit Gott liegt. Wer dermaßen die intuitive Fähigkeit besaß, in den Herzen der Menschen zu lesen und ihre Seele in sich aufzunehmen, der war für die unlernbare Kunst der Seelenleitung vorausbestimmt. Diese Kunst übte er sowohl auf mündliche als schriftliche Weise aus. Zwar ist sein erster seelsorgerischer Brief noch reichlich steif ausgefallen, aber er entwickelte darin schließlich eine Fähigkeit, welche seine persönlichen Schreiben zu den wertvollsten Bestandteilen seiner Werke macht.

Franz von Sales versteht es auf überaus wohltuende Art, dem Menschen zuzusprechen, ohne in ihm die abwehrende Geste gegen ein Angepredigtwerden zu wecken. Er nimmt die menschliche Seele ernst und weist sie doch in sachlicher Weise über sich hinaus. «Lassen Sie sich von Gott leiten und denken Sie nicht zu viel an sich selbst.»[49] Der Bischof von Genf hielt es für nicht gut, seine Seele beständig über die eigenen Fortschritte zu prüfen, sondern war immer bestrebt, sie auf Gott hinzulenken. Die allzu starke Beschäftigung mit sich selbst ist der Seele genauso abträglich wie die vielen Zerstreuungen, zu denen Franz von Sales auch die ungeordnete Lektüre zählte. Nur wer sich auf das Eine, was not ist, besinnt und in dieser Sammlung mit Treue verharrt, erreicht jene Haltung, die er «die rechte Mitte» nannte. Vor allem besaß Franz von Sales die Gabe, auf eine wundervolle Art den Menschen Mut einzuflößen. In der Beichte warnte er immer wieder vor der Vorstellung einer Vollkommenheit, die man sich gleich einem fertigen Kleid überstreifen könne. «Wir brauchen noch keine vollkommenen Menschen zu sein, aber wir wollen vollkommen werden», schreibt er und fügt ein anderes Mal hinzu: «Wir müssen auf unsere Vervollkommnung so viel Mühe aufwenden, als es Gottes Wille ist – gleichzeitig aber sollen wir die Sorge für unsere Vervollkommnung Gott überlassen.»[50] Man darf den Mut nie verlieren, wenn man nicht rasch den Höchstgrad der Tugend erreicht; um zur Heiligkeit zu gelangen, muß der Mensch immer wieder einen neuen Anlauf nehmen. «Es gibt kein besseres Mittel, um sich im inneren Leben zu vervollkommnen, als immer wieder anzufangen und nie zu glauben, schon genug getan zu haben.»[51] Franz von Sales verglich die Seele einmal mit dem Räderwerk einer Uhr, das stets aufs neue aufgezogen, geölt und gereinigt werden müsse. «Die Übung der Reinigung, der Vervollkommnung unser selbst darf auch tatsächlich erst mit unserem Leben beendet sein. Wir haben also keinen Grund, beim Anblick unserer Fehler mutlos zu werden, denn unsere Vollkommenheit ist ja nichts anderes als ein Kampf gegen die Sünde.»[52] Das Ziel ist nur in einem langsamen Prozeß und nicht von einem Tag auf den anderen zu erreichen. Über die Rückfälle darf man sich nicht zu sehr aufregen, sowenig man beim Spiel die Laute weglegt, wenn man einen Mißton bemerkt. Man erleidet immer wieder Niederlagen auf dieser Erde, ist doch in diesem vergänglichen Leben das Gute stets mit dem Bösen vermischt. Deswegen ermahnt Franz unermüdlich zur Geduld, vorab auch mit sich selbst: «Man muß andere ertragen, aber zuerst sich selber, und man muß Geduld mit seinen eigenen Unvollkommenheiten haben.»[53] Man darf die eigene Seele nicht schelten, wenn sie nicht in böser Absicht gefehlt hat, und darf sie auch nicht grenzenlos demütigen. Wundervoll sind seine Ausführungen: «Demut, die nicht Starkmut erzeugt, ist zweifellos falsche Demut. Die wahre Demut bekennt allerdings: Ich vermag nichts, ich bin die Nichtigkeit selber. Aber dann macht sie sofort dem Starkmut Platz, der da spricht: Es gibt nichts, und es kann nichts geben, was ich nicht vermöchte, wenn ich mein Vertrauen auf den allmächtigen Gott setze.»[54] Diese wenigen Andeutungen genügen, um zu zeigen, wie Franz von Sales' seelsorgerliche Anweisungen noch heute nicht veraltet sind. Es ist ihnen etwas Zeitloses eigen, da sich das menschliche Herz in allen Jahrhunderten im wesentlichen gleich bleibt.

Franz von Sales war für diese Leitung der Seelen in solch hervorragendem Maße befähigt, weil ihm ein ganz bestimmtes Ideal vor Augen stand, zu dem er die sich seiner

Führung anvertrauenden Menschen hinlenken wollte. Dieses Ziel hatte durch seine Vertiefung in das Leben der Heiligen und durch seine Wendung zur Mystik immer deutlicher die Form der Gottesliebe angenommen. Zwar hatte er schon der Adressatin seines ersten Buches den Namen «die gottliebende Seele» gegeben. Frömmigkeit war für Franz gehobene und gesteigerte Liebe zu Gott, die er jedoch nicht verwechselt haben wollte mit «süßen Gefühlen und Tröstungen, nicht mit jener sanften Rührung des Herzens, die nur Tränen und Seufzer enthält»[55]. Aber in den Mittelpunkt wurde das Ideal der Gottesliebe erst in seinem zweiten Hauptwerk gestellt, dem er den Titel «Traité de l'amour de Dieu» gab – auch «Theotimus» genannt – und das er ausdrücklich für Johanna von Chantal geschrieben hat. Es war ein gewaltiger Schritt vom ersten zum zweiten Buch, welcher Jahre voll innerer Arbeit an sich selbst voraussetzte. Das zwölf Bücher umfassende Werk enthält Franz von Sales' Erkenntnistheorie, Logik, Philosophie und Theologie, freilich alles von einem absichtlich milden Licht übergossen. In seinem tiefsten Wesen ist der «Theotimus» ein Gesang, den man nicht zergliedern darf. Er ist nicht für breite Massen geschrieben, sondern wie alle echte Mystik ein Buch für Wenige. Nach seiner Vorrede wollte er über die «Philothea» hinausgehen und wandte sich an fortgeschrittene Seelen, die er noch einige mystische Stufen höher hinaufführen wollte. Für Franz von Sales «ist das Gebet und die mystische Theologie dasselbe»[56], deren hauptsächlichste Übung es ist, mit Gott zu reden und ihn im eigenen Herzen sprechen zu hören. Im «Theotimus» lehrte der Bischof von Genf in Anlehnung an Theresia von Jesu jenes unbeschreibliche «Zerrinnen der Seele in Gott»[57] auf eine unendlich süße Weise, die man nie mehr vergißt. Seine ganze Mystik ist nichts anderes als Liebe, wie er wörtlich sagt, «die Liebe ist der Inbegriff der gesamten Gottesgelehrtheit»[58]. Franz von Sales hatte das «Lied von der heiligen Liebe» angestimmt und gelangte schließlich zu jener Einstellung, die ihn auch im praktischen Leben sagen ließ: «Man sollte nicht mich um Rat fragen, denn ich bin parteiisch für die Liebe»[59]. Es sind ganz prächtige Worte, die Franz über die Gottesliebe geschrieben hat, die ihn selbst in zunehmendem Maße durchdrang und ihn zu der Einsicht brachte: «Die wahre Liebe kennt keine Methode.»[60] Gräbt man den Wurzeln von Franz von Sales' mystischer Gottesliebe nach, trifft man auf Katharina von Genua, jene Heilige mit dem mütterlichen Antlitz und dem liebeglühenden Herzen, welche der Verfasser des «Theotimus» sehr genau studiert hatte und der er auch das Lob erteilt: «Sage mir um Gottes willen, wer liebte denn Gott mehr, der Theologe Occam, den einige den scharfsinnigsten aller Menschen genannt haben, oder die heilige Katharina von Genua, eine ungelehrte Frau? Jener kannte ihn besser durch Spekulation, diese durch Erfahrung; und ihre Erfahrung führte sie viel weiter vorwärts in der seraphischen Liebe, während jener andere mit all seiner Wissenschaft weit hinter solch ungewöhnlicher Vollkommenheit zurückblieb.»[61]

Dieses mystische Zerfließen der Seele in Gott wirkt sich nach außen in einer fest umrissenen Haltung der Heiligkeit aus, zu der Franz von Sales den Menschen erziehen wollte und die er in die berühmt gewordenen Worte zusammengefaßt hat: «Was meint ihr, daß ich am tiefsten in eure Herzen eingeprägt und am gewissenhaftesten im täglichen Leben von euch befolgt sehen möchte? Nichts anderes als diese zwei Worte, die ich euch schon so oft ans Herz gelegt habe: Nichts verlangen, nichts verweigern. Mit diesen zwei Worten habe ich alles gesagt.»[62] Eine leuchtendere Bestimmung dessen, was wahre Heiligkeit ist, kann man sich kaum denken als diese Äußerung, die nicht nur einmal über die Lippen des Franz von Sales kam. Die Losung «Nichts erbitten, nichts versagen» kommt bei ihm des öfteren vor, woraus zu ersehen ist, daß es sich um ein bewußt gewolltes Ziel handelt. Es war dies einer seiner wichtigsten Grundsätze, und er strebte ihm unablässig nach. Über diese kurze Formel, die eine inhaltliche Bestimmung der Heiligkeit ist, lohnt es sich des längeren nachzudenken. Nur einer religiösen Betrachtung wird sie ihre letzte Tiefe erschließen. Während der natürliche Mensch beständig fordert und oft nichts anderes ist als ein Bündel von Wünschen, gibt Franz von Sales die Parole aus «nichts verlangen», was besagen will, keine Forderungen zu erheben, weder an Gott noch an die Mitmenschen. Der nach der Heiligkeit strebende Christ soll zufrieden sein mit dem, was ihm Gott bestimmt hat, und warten, was ihm weiter gegeben wird. Ebenso wichtig ist die andere Anweisung «nicht verweigern», also sich niemandem versagen, keine Bitte abschlagen und sich im Geben verströmen. Es wurde die Formulierung «Nichts verlangen, nichts verweigern» schon als das alte Ideal der Stoiker bezeichnet, das beim Bischof von Genf wieder auftauche. Es ist seiner Bestimmung tatsächlich ein stoischer Zug eigen; doch hat auch der Stoizismus einen Wahrheitskern, welcher dem Christentum nicht durchaus fremd ist, wie aus Paulus' Ausführungen zu ersehen ist. Franz von Sales war entsprechend seinem religiösen Humanismus bestrebt, die Wahrheitselemente des Stoizismus aufzunehmen und sie in sein neues Frömmigkeitsideal einzubauen. Doch ist es keineswegs bloß der alte Stoizismus, der in unveränderter Form wiederkehrt. Franz schätzte die Menschen nicht, die alle Geschehnisse gefühllos ließen, und aus seiner Feder stammt der Satz: «Die eingebildete Unempfindlichkeit derer, die es nicht zugeben wollen, daß man Mensch sei, ist mir immer als ein wahres Hirngespinst vorgekommen.»[63] Nicht die altheidnische Gleichgültigkeit dem Leben gegenüber vertrat Franz von Sales mit dem Heiligkeitsideal «Nichts verlangen, nichts verweigern». Es war ihm vielmehr um die christliche Gleichmütigkeit zu tun, und das ist etwas grundsätzlich anderes. Nur wer immer in der Melodie beständigen Gleichmutes verbleibt, erlangt jene gefaßte Seelenhaltung, die inmitten aller Wechselfälle des irdischen Daseins den tiefsten Frieden wahrt. Einzig der Christ, der sich bemüht, von Gott nichts zu verlangen und dem Menschen nichts zu versagen, steht über den Dingen. Er besitzt jene in Gott gegründete Überlegenheit, die sich einem seelischen Gewachsensein jeder Situation gegenüber auswirkt. Die erhabene Einstellung kann aus eigener Kraft nicht errungen werden, dieweil sie nur aus einer gesteigerten Gottesliebe hervorgeht.

Der nichts fordernde und nichts zurückweisende Mensch erlebt jenes stille Seelenglück, welches die letzte Vollendung in sich schließt. Diese Gleichmäßigkeit des Geistes verliert nie die Haltung und ist allein imstande, die ewige Unruhe des menschlichen Herzens zu überwinden. Franz von Sales betrachtete die Unruhe als eine Regung des niederen Teiles der Seele, die als Feind bekämpft werden müsse. Er richtete seine Aufmerksamkeit darauf, ruhig zu bleiben, schon den Morgen in gleichmäßiger Verfassung zu beginnen und sich auch während des Tages bei der Arbeit von keiner inneren oder äußeren Unruhe übermannen zu lassen. Diese köstliche Ruhe der Seele wird nach Franz nur jener Mensch finden, welcher dem Grundsatz nachlebt, nichts zu begehren und nichts abzuschlagen. Einzig durch diese Gemütsstille erreicht er das Ziel der Leidenschaftslosigkeit. Dies allein hat zur Folge, daß der in Gleichmütigkeit ausharrende Mensch durch nichts mehr aus seiner inneren Ruhe herausgeworfen werden kann. «Was sollte unseren Frieden erschüttern können? Wahrlich, auch wenn alles drunter und drüber ginge, ich würde mich darüber nicht beunruhigen. Denn was ist die ganze Welt zusammen wert, im Vergleich mit dem Frieden des Herzens?»[64] Einst hatte Franz von Sales wie Augustin die Unruhe des menschlichen Herzens, das immer ohne Rast auf dieser Erde ist, bis es eintaucht in die frischen Wasser des unsterblichen Lebens, als etwas Wunderbares gepriesen. Als ihm aber das Zerrinnen der Seele in Gott zuteil wurde, hatte er jene Ruhe gefunden, welche sich der Vorsehung mit geschlossenen Augen überläßt, und darauf war seine Hauptaufmerksamkeit gerichtet. Von der «heiligen Ruhe» schreibt Franz von Sales, in der die Seele «im tiefsten Schweigen kein Wort spricht, nicht weint und schluchzt, nicht seufzt, sich nicht bewegt und auch nicht betet»[65]. Das beste Gebet betrachtet der Bischof von Genf fortan als jenes, da man in Gott vertieft ist und man weder an sich noch an das Gebet selber denkt, wo in einem geheimen Gespräch des Schweigens das Herz mit dem Herzen auf eine Weise redet, die niemand versteht als die heilig Liebenden. Franz von Sales hat diesem grandiosen Ziel der «Ruhe in der Bewegtheit, die auch diese Bewegung noch als Ruhe» erlebt[66], des öfteren Ausdruck gegeben, vielleicht am unvergänglichsten in jenem tiefsinnigen Brief an Johanna von Chantal, in welchem er ausführte: «Bleiben Sie nur bei Gott mit sanfter und stiller Spannung des Geistes und in sanftem Einschlummern in den Armen der Vorsehung, in ruhiger Ergebung in seinen heiligen Willen, denn das alles ist ihm angenehm. Hüten Sie sich vor jeder Anstrengung des Denkvermögens, da es Ihnen schadet, selbst im Gebet, und arbeiten Sie mit den Affekten um Ihren geliebten Gegenstand herum, so sanft Sie nur können. Es kann nichts anderes sein, als daß das Denkvermögen bisweilen Anläufe nimmt; jedoch sowie man dessen inne wird, muß man zu den einfachen Willensakten zurückkehren. Wenn man sich in die Gegenwart Gottes gestellt hat, so bleibt man immer darin. Man sieht nicht auf ihn, noch spricht man von ihm; man bleibt ganz einfach da, wohin man von Gott gesetzt ist, wie eine Statue in ihrer Nische. Wenn zu diesem einfachen Bleiben vor Gott sich die Empfindung gesellt, daß wir ihm angehören und daß er unser Alles ist, so sollen wir Gott für seine Güte danken. – Wenn eine Statue in ihrer Nische reden könnte, und man würde sie fragen: Warum bist du da? so würde sie antworten: Weil der Bildhauer mich dahin gestellt hat. – Was hast du für Nutzen davon, daß du hier bist? Nicht um meines Nutzens willen bin ich hier, sondern um dem Willen meines Meisters zu dienen und zu gehorchen. – Aber du siehst ihn doch nicht! Nein, würde sie sagen, aber er sieht mich und hat Gefallen daran, daß ich da sei, wohin er mich gestellt hat. – Aber hättest du nicht gern die Kraft, dich zu bewegen und näher zu ihm hintreten zu können? Nein, es sei denn, daß er es befehle. – Hast du denn gar keine Wünsche? Nein, denn ich bin da, wohin mich mein Meister gestellt hat; sein Belieben ist die einzige Befriedigung meines Wesens.»[67] In diesen Worten äußert sich das Glaubensbekenntnis der von der Gottesruhe erfüllten Mystik Frankreichs, zu deren Begründer Franz von Sales zu zählen ist. Einige Jahrzehnte später geriet in Frankreich infolge der Wirren, die mit Frau von Guyon zusammenhängen, der Quietismus in Verruf, aber zu jener Zeit war er kirchlich noch unverdächtig. Das unverzerrte Ideal der heiligen Ruhe, welches mit Tatenlosigkeit nichts zu tun hat, wie gerade aus Franz von Sales' Leben zu ersehen ist, bedeutet eine der Spitzenleistungen der christlichen Religiosität. Der ganz in Gott ruhenden Seele galt Franz von Sales' letzte Bemühung. Für sie ist die Bezeichnung «der wunderbare Fischzug» vollauf gerechtfertigt, dem gegenüber man nur einen heiligen Schauer fühlen kann.

Franz von Sales' Ausführungen über die Seelenruhe leuchten in einem göttlichen Glanz, weil sie nicht bloß als theoretische Forderung auftreten. Der Bischof von Genf war kein Moralist, deren es in der Kirche allezeit viele gab und die dem Menschen immer nur sagen können, was sie zu tun haben. Bei ihm begegnet man einer lebendigen Ausübung dessen, was er lehrte, und diese Wahrnehmung verleiht seiner Persönlichkeit den echten Heiligkeitscharakter. Er wurde zuletzt eine Verkörperung jeder in Gott ruhenden Seele, welche nichts verlangt und nichts verweigert. Das haben alle bezeugt, die ihn näher kannten, am eindrucksvollsten natürlich Johanna von Chantal in ihren Ausführungen über Franz von Sales: «Er sagte, die wahre Art, Gott zu dienen sei, ihm zu folgen und in der feinen Spitze der Seele ihm nachzugehen, ohne irgendeine Stütze des Trostes, der Gefühle oder des Lichtes, außer dem nackten, einfachen Glauben, und darum liebte er immer Verlassenheit, Trübsal und Trostlosigkeiten. Er sagte mir einmal, er kümmere sich wenig darum, ob er in Trost oder Trostlosigkeit sei. Wenn unser Herr ihm gute Anmutungen gäbe, nähme er sie in Einfalt hin. Wenn er sie ihm nicht gäbe, denke er nicht daran. Aber in Wahrheit hatte er für gewöhnlich große innere Süßigkeit. Man sah das an seinem Gesicht, wenn er sich nur ein wenig in sich selbst zurückzog, was er oft tat.»[68] Diese überlegene Gleichmütigkeit war ihm nicht von Natur gegeben worden. Der savoyische Heilige gehörte seiner Veranlagung nach nicht zu jenen Männern, denen Wasser statt Blut in den Adern rinnt. War er doch Franzose, mit heftigem Temperament. Auch er mußte durch Unruhen und Stürme hindurch, auch er hatte nach eigenen Geständnissen mit lebhaften Gefühlen zu tun: «Es gibt, wie ich glaube, keine Seele auf der Welt, die herzlicher, zarter und, um es offen zu sagen, verliebter liebte als ich; es gefiel eben Gott, mein Herz so zu machen.»[69] Liebe und Zorn waren die zwei Eigenschaften, deren Beherrschung ihm am meisten Mühe gekostet hat. Franz rang mit seinen Leidenschaften, bis er die Herrschaft über sie erlangte und endlich jene ausgewogene, in Gott ruhende Seele wurde, welche auf die andern Menschen den unauslöschlichen Eindruck der Sanftmut machte, was nur eine andere Bezeichnung für die Haltung des «nichts verlangen, nichts verweigern» ist. Es gibt wohl kaum ein Wort, daß bei ihm so oft wiederkehrt als das der Sanftmut. Sie verkörperte für ihn den wahren Christusgeist, und er setzte ihr keine Grenzen. Durch langes inneres Ringen ist Franz von Sales zu jenem Typus der verklärten Sanftmut geworden, welche der echte Ausdruck der Heiligkeit ist, und die sein Leben zuletzt zu einer anschaulichen Verleiblichung des Herrenwortes machte: «Selig sind die Sanftmütigen, denn sie werden das Erdreich besitzen» (Mt 5,5). Über diese seltsame Milde in der Kraft hat der edle Fénelon – der tief in den Geist des Verfassers des «Theotimus» eingedrungen ist – mit Recht geurteilt, daß sie von Franz' Herzen in das eigene fließe, um es sanft und ruhig zu machen. Angesichts dieses «sanften Gesetzes», dem Franz von Sales mit gleicher Schönheit Ausdruck gegeben hat wie Stifter in seinen Erzählungen, kann man vom Bischof von Genf wirklich als einem wahrhaftigen Heiligen reden, der den höchsten Titel vollauf verdiente, den seine Kirche ihm verlieh: Doktor der Vollendung.

Walter Nigg

Quellennachweis

[1] L. Burgener, Leben und Wirken des heiligen Franz von Sales, 1858, S. 134; [2] H. Federer, Von Heiligen, Räubern und von der Gerechtigkeit, 1930, S. 122; [3] E. Hello, Heiligengestalten, 1934, S. 58; [4] Religiöse Erzieher der katholischen Kirche (ed. S. Merkle und B. Beß), 1920, S. 89; [5] bei F. Strowski, Vom Wesen des französischen Geistes, 1937, S. 87; [6] Franz von Sales, Philothea, 1925 (ed. O. Karrer), S. 34; [7] ebd. S. 16; [8] ebd. S. 113; [9] Boulanger, Studien über den heiligen Franz von Sales, 1861, Bd. 2, S. 220; [10] Philothea, a. a. O. S. 159; [11] ebd. S. 285; [12] ebd. S. 342; [13] Franz von Sales, Briefe der Seelenführung, 1928 (ed. O. Karrer), S. 45; [14] Philothea, a. a. O. S. 35; [15] Seelenführung, a. a. O. S. 96; [16] Philothea, a. a. O. S. 356; [17] Briefe des heiligen Franz von Sales an die heilige Johanna Franziska Fremyot von Chantal (ed. Heine), 1929, S. 148; [18] Philothea, a. a. O. S. 283; [19] J. Martin, Theologisch-kritische Untersuchung über die Existenz eines Systems bei Franz von Sales, Diss. 1933, S. 84; [20] Franz von Sales, Geistliche Unterweisungen und Vorträge, 1927 (ed. O. Karrer), S. 31; [21] Franz von Sales, Theotimus, 1926 (ed. O. Karrer), Bd. 2, S. 32; [22] Religiöse Erzieher, a. a. O. S. 114; [23] H. Bremond, Histoire littéraire du Sentiment religieux en France, 1921, Bd. 1, S. 68 ff.; [24] H. W. Rüssel, Gestalt eines christlichen Humanismus, 1940, S. 161; [25] W. Schamoni, Das wahre Gesicht der Heiligen, 1938, S. 190; [26] Emil Bougaud, Die heilige Johanna Franziska von Chantal, 1924, S. 81; [27] Michael Müller, Die Freundschaft des heiligen Franz von Sales und der heiligen Johanna Franziska von Chantal, 1937, S. 15; [28] ebd. S. 30; [29] ebd. S. 43; [30] Bougaud, a. a. O. S. 44; [31] Briefe an Chantal, a. a. O. S. 9; [32] ebd. S. 267; [33] Seelenführung, a. a. O. S. 158 und 159; [34] Briefe an Chantal, a. a. O. S. 204; [35] M. Heimbucher, Die Orden und Kongregationen der katholischen Kirche, 1933, Bd. 1, S. 641 ff.; [36] Müller, a. a. O. S. 77; [37] Briefe an Chantal, a. a. O. S. 130; [38] Müller, a. a. O. S. 234; [39] Briefe an Chantal, a. a. O. S. 322; [40] Müller, a. a. O. S. 231; [41] Seelenführung a. a. O. S. 173; [42] Müller, a. a. O. S. 232; [43] Briefe der heiligen Johanna Franziska von Chantal an den heiligen Franz von Sales (ed. Heine), 1929, S. 10; [44] ebd. S. 10; [45] ebd. S. 10; [46] Briefe an Chantal, a. a. O. S. 103; [47] Philothea, a. a. O. S. 220; [48] Nietzsches Werke, Klassiker-Ausgabe, Bd. 5, S. 54; [49] Seelenführung, S. 79; [50] Unterweisung a. a. O. S. 12 und 50;

[51] Seelenführung, a. a. O. S. 34; [52] Philothea, a. a. O. S. 42; [53] Seelenführung, a. a. O. S. 31; [54] Unterweisung, a. a. O. S. 70; [55] Philothea, a. a. O. S. 347; [56] Theotimus, a. a. O. Bd. 1, S. 186; [57] ebd. Bd. 1, S. 233; [58] ebd. Bd. 2, S. 54; [59] Briefe Chantal an Sales, a. a. O. S. 150; [60] Seelenführung, a. a. O. S. 60; [61] Theotimus, a. a. O. Bd. 1, S. 201 und vgl. L. Sertorius, Katharina von Genua, 1939, S. 68; [62] Unterweisung, a. a. O. S. 235; [63] ebd. S. 155; [64] Briefe Chantal an Sales, a. a. O. S. 124; [65] Theotimus, a. a. O. Bd. 1, S. 222 und 220; [66] ebd. Bd. 1, S. 144; [67] H. Heppe, Geschichte der quietistischen Mystik in der katholischen Kirche, 1875, S. 47; [68] Briefe der Chantal an Sales, a. a. O. S. 121; [69] ebd. S. 12.

Von der Bestimmung des Menschen

«Bestrebt euch», ruft uns der Apostel zu, «euern Beruf (eure Bestimmung) zu erfüllen» (1 Thess 4,11), und der Heilige Geist sagt uns durch den Mund des Predigers sinnbildlich, was unsere Bestimmung sei: «Alle Flüsse», spricht er, «ergießen sich in das Meer, und das Meer strömt nicht über; zu dem Orte, von dem die Flüsse ausgehen, kehren sie wieder zurück, auf daß sie wiederum fließen» (Koh 1,7). Woher sind wir Menschen? Aus dem Meere der Gottheit. Durch welche Mittel? Durch die Gnade Gottes. Dies ist also die Bestimmung des Menschen. Ewiger Gott, Schöpfer des Himmels und der Erde, alles Sichtbaren und Unsichtbaren, ich bete dich an, du unermeßliches Meer aller Vollkommenheit, und bitte dich um die Gnade, vor allem dich, dann aber auch mich und die Beschaffenheit jenes Berufes zu erkennen, weswegen du mich in diese Welt gesetzt hast.

Woher sind wir Menschen? Wir sind aus nichts. Oder wo warst du denn, meine Seele, vor etwa achtzig Jahren? Nirgends. – Nichts warst du. Trefflich sprach Hiob, der fromme Dulder des Alten Bundes: «Das Grab nenne ich meinen Vater und die Würmer meine Mutter und meine Schwester» (Ijob 17,14). Ich aber sage mit ebensoviel Recht zum Nichts: Du bist das Land meiner Abkunft; deiner unergründlichen Höhle, deinem finsteren Abgrund bin ich entsprossen.

Wer aber hat mich aus meinem Nichts gerufen? Wer hat mir das Sein gegeben? Wer ist mein Vater? Wie der Baum im rauhen Winter Blüte und Frucht versagt, bis er sie dann hervorbringt in den Tagen des Frühlings und Sommers, also hat Gott von Ewigkeit her den Willen gehabt, mich einst an das Tageslicht zu rufen; seine ewigen Ratschlüsse hatten mich schon damals zum Gegenstande. Bist du denn nicht glückselig, meine Seele, ein Gegenstand eines so gütigen Vaters und seiner weisesten Pläne von Ewigkeit her gewesen zu sein, vor so vielen Millionen anderer Geschöpfe, die sich selbst überlassen blieben?

Da ich nun so, ein lauteres Nichts, tief in meine Nichtigkeit versenkt war, bereitete das huldvolle Auge Gottes in seinen ewigen Ratschlüssen mein Wesen, um mir dasselbe mit der Zeit, wie es nun wirklich geschehen, mitzuteilen. Aus dem Nichts ist mein alter, tierischer Mensch entsprossen, der meinen sinnlichen Teil belebt; welcher demnach auch immerdar zu seinem verderblichen Ursprunge zurücksieht, zum Nichts, zur Sünde und zum Bösen sich hinneigt. Hingegen stammt mein oberer Teil, mein geistlicher Mensch, aus Gott; weswegen er auch immerdar, zuwider dem untern Teile, auf das Gute, auf die Tugend und auf den Umgang mit Gott hinstrebt.

Wie kann ich deshalb von mir selbst stolz denken; wessen kann ich mich mit Recht rühmen, wie kann ich mich für etwas halten, oder verlangen für etwas angesehen zu werden, da ich eitles Nichts bin? O Nichts! nimmer will ich deiner vergessen.

Großer Gott und mächtiger Schöpfer, welche Dankbarkeit bin ich schuldig deiner ewigen Güte und Huld, die mich im Schoß deiner Vorsehung durch ganz besondere günstige Anordnungen zu empfangen und auszuzeitigen bestimmt hat! Auf! Auf! mein Herz, nur eilig aus der Asche deines Nichts! heraus aus dem Staube deiner niedrigen Abkunft; jetzt hast du Sein, verwende es ohne Verzug zum wohlgefälligen Dienste deines Schöpfers.

Wohin sollen wir trachten? In das Meer der Gottheit. Gott hat mich als ein vernünftiges Geschöpf erschaffen; er hat mich zu seinem Ebenbild und Gleichnis gebildet, auf daß ich ihn erkenne, ihn liebe, ihm diene; dies ist mein einziges und wichtigstes Amt, solange ich hier auf Erden atme. Mein Herz ist geschaffen, Gott zu erkennen und zu lieben, unsere Natur und Vernunft können dies nicht in Abrede stellen; denn haben wir genau Acht auf uns selbst, so werden wir finden, daß wir kaum an Gott denken können, ohne nicht zugleich uns hingezogen zu fühlen, ihn zu lieben und ihm zu dienen.

Hätte auch Gott den Menschen nicht erschaffen, so wäre er dennoch jederzeit das höchste Gut gewesen; allein ohne den Menschen wäre er nicht gütig, nicht barmherzig gewesen, weil sich die Güte und Barmherzigkeit nur an Dürftigen und Armseligen offenbaren kann. Soll ich einem so gütigen Gott meine Liebe und meinen Dienst nicht vom Herzen gerne weihen? O welch süßer Trost! die Sonne ist geschaffen, um zu leuchten; das Feuer, um zu brennen; du aber, meine dürftige arme Seele, hast die edelste Bestimmung, – Gott zu lieben, ihm zu dienen.

Ich bin erschaffen, immerdar zu Gott, in das Meer der unermeßlichen Gottheit, von da ich meinen Ursprung genommen habe, wieder zurückzukehren, wie alle Flüsse des Erdkreises wieder in das Meer zurückkehren, aus dem sie entstanden sind. «O Herr!», ruft der heilige Augustinus aus, «geschaffen hast du uns zu dir und ruhelos ist unser Herz, bis es Ruhe findet in dir» (Confessiones, Bekenntnisse, 1. Buch).

Dank sage, meine liebe Seele, jenem Gott, der dir immerdar hilft, den Beruf zu erfüllen, wozu er dich geschaffen hat; ihn zu erkennen, ihn zu lieben, ihm zu dienen. Sprich öfter zu dir selbst: Nein!, ich bin nicht für die Welt gemacht; der Allerhöchste hat mich für sich gebildet, ihm allein muß ich mich gänzlich zueignen, damit ich mit seinen ewigen Ratschlüssen übereinstimme und mein Bestreben mit seiner Güte vereine.

Welch eine herrliche und unverdiente Verbindung des göttlichen Willens mit meiner Armseligkeit! Wie glückselig bin ich nicht, daß ich ebendarum in die Welt gekommen bin, damit die Güte Gottes an meiner Armseligkeit und an meiner Schwachheit verherrlicht werde! Auf nun, ihr Menschen, laßt uns unseren einzigen und wichtigsten Beruf treu erfüllen, laßt uns Gott lieben und ihm dienen! Unsere Herzen sollen tun, wie die Kinder Jonadabs, des Sohnes Rechab, denen nicht erlaubt war, Häuser zu bauen zum Wohnen (Jer 35,9); unter Gezelten laßt uns wohnen als wahre Israeliten, und nach unserer himmlischen Vaterstadt eilen! Reinige dich, meine Seele, von allem Staube irdischer Neigung und Anhänglichkeit, beschäftige dich mit Gott allein, lebe allein für Gott und die Beförderung seiner Ehre.

Gott hat uns Menschen, die Krone der Schöpfung, das Meisterwerk der Allmacht, dieser sichtbaren Welt, gegeben und uns über alle irdische Vollkommenheit erhoben, so daß ich mich rühmen darf mit dem königlichen Propheten: «Ich danke dir dafür, daß ich wunderbar gemacht bin; wunderbar sind deine Werke; das erkennt meine Seele» (Ps 139,14). So wohltätig und freigebig war Gott gegen mich, daß er alles, was er schuf, meinetwegen geschaffen hat. Sieh an, meine Seele, den Himmel, die Erde und alles, was darin ist; alles, was du außer Gott und außer dir findest, ist deinetwegen gemacht, zu deinem Dienste, zu deinem Gebrauche, sogar auch zu deiner Lust, zu deinem Vergnügen. Wie aber sollst du alles dies gebrauchen? Gewiß nicht anders, als es bisher alle frommen und heiligen Seelen getan haben, mit Maß und Andacht.

Blick in dein Inneres, sieh dich überall um, und erforsche die unzählige Menge allgemeiner und besonderer Wohltaten, die dir der liebe Gott erwiesen hat, um dich zu kräftigen, damit du umso leichter deinen einzigen und wichtigen

Beruf erfüllen kannst. Gott hat dich durch christliche Eltern geboren werden, und durch das Sakrament der Taufe zu dem Adel der Wiedergeburt gelangen lassen; du bist im Schoß der Kirche groß geworden, und von dem Verderben dieser Welt abgesondert worden. Nebst diesen Wohltaten, die dir mit so vielen anderen zuteil geworden sind, zähle auf, wenn du kannst, womit Gott dich begnadigt, zu guten Vorsätzen ermahnt hat, was diese in dir bewirkt haben. Wieviel Dank bin ich meinem göttlichen Wohltäter dafür schuldig! Aber leider!, wie unerkenntlich habe ich mich bewiesen! Ach, ich habe mit dem verlornen Sohn die Güter meines guten Vaters mißbraucht und verschleudert.

O Herr!, mit welch freigebiger Hand hast du meine unsterbliche Seele ausgeschmückt! Von dir habe ich den Glauben und die Erkenntnis ewiger Wahrheit; von dir die Hoffnung auf die ewigen Güter, und die Verheißung derselben, deren Herrlichkeit kein Auge gesehen, kein Ohr gehört und in keines Menschenherz gekommen ist. Von dir wurde Ehrfurcht, nebst all diesem mir die Fügung unter deinen Heiligen Willen und das fromme Verlangen zuteil, in allem dir ähnlich zu werden. Was sage ich nun dazu? O allerhöchster Wohltäter!, gib mir zu dem Übermaß deiner früheren Wohltaten noch dies, daß ich das von dir Erhaltene nicht mißbrauche, sondern allezeit zu deiner Ehre und auf eine dir wohlgefällige Weise gebrauche. Stärke meinen Glauben wider alle Vorurteile und Irrtümer; belebe meine Hoffnung durch heilsames Verlangen nach dir; begeistere meine Liebe mit inbrünstigen Anmutungen und ausdauernder Geduld in Widerwärtigkeiten.

Ach mein König und mein Herr, unermeßlich und ohne Ende ist deine Güte und Barmherzigkeit gegen mich; und ich danke dir selten genug dafür, ich nehme sie so wenig zu Herzen. Meine Seele, bessere dich; wir können die

Pflicht des Dankes gegen Gott und die Bestimmung, weswegen uns Gott in die Welt gesetzt hat, nicht erfüllen; es sei denn, wir bedienen uns der Welt so, als ob wir uns derselben nicht bedienten und sie gar kein Recht an uns hätte, damit unser Leben eine stetige Danksagung sei, ganz gewidmet dem Urheber unseres Seins, dem Geber so vieler Wohltaten.

O unendlich gütiger Gott!, es wäre nicht zu viel, wenn ich mich dir als Opfer darbrächte und dir zulieb in Staub und Asche verwandelte. Doch dies verlangst du nicht, du forderst nur mein Herz; es genügt dir. O mein Gott, was erblickst du an meinem Herzen, das dein Auge anzieht? Wohlan, o Herr!, ich arbeite eben an der Verbesserung und Rechtfertigung meines Herzens; verleihe mir hierzu solche Gnaden, mit deren Hilfe ich dasselbe zu einem dir möglichst wohlgefälligen Opfer herstelle. O mein Gott, mein Schöpfer! Dir will ich mein Herz schenken, und es soll nimmer mein Eigentum werden. Amen!

Aus: Dreitägige Einsamkeit
zur Erneuerung des Geistes
für alle christlichen Seelen

PHILOTHEA

Über die Schöpfung des Menschen

Erwäge, daß du vor wenigen Jahren noch nicht auf der Welt warst und dein jetziges Wesen eitel Nichts war. Wo waren wir vor dieser Zeit? Die Welt hatte schon seit einer langen Reihe von Jahrhunderten bestanden, und von dem, was wir sind, war noch keine Spur zu finden. Bedenke, daß dich Gott aus dem Nichts gezogen und dich zu dem gemacht hat, was du jetzt bist – nicht als hätte er deiner bedurft, sondern allein aus seiner unendlichen Güte und Barmherzigkeit. Mach dir einen würdigen Begriff von dem Wesen, daß Gott dir gab; denn es ist das edelste und vollkommenste unter allen Wesen dieser sichtbaren Welt; es ist zu einem ewig glückseligen Leben bestimmt und der innigsten Vereinigung mit Gott fähig.

Demütige dich tief vor Gott und sprich mit dem Psalmisten: «Wisse, meine Seele, daß der Herr dein Gott ist und daß er dich geschafften hat, nicht du dich selber. Ich bin das Werk deiner Hände, und all mein Wesen ist ein wahres Nichts in deiner Gegenwart; und wer bin ich – ich, daß du mir eine so große Wohlthat erweisen wolltest?» (nach Ps 8). Du warst in dem Abgrund des alten Nichts versunken und würdest noch darin sein, hätte Gott dich nicht herausgezogen.

Danke Gott, dessen Güte der Allmacht gleich kommt, welchen Dank bin ich dir nicht schuldig, daß du mich aus Barmherzigkeit zu dem gemacht hast, was ich bin! Wie kann ich deinen Namen würdig preisen, wie danken für deine unendliche Güte? Durch unordentliche Neigungen aufgereizt, hat sich mein Herz gegen dich empört, sich getrennt und entfernt von dir und sich der Ungerechtigkeit zugewandt. Ehrfurcht und Liebe zu Dir, o gütigster Gott, habe ich so ganz verloren, als wenn du nie mein Schöpfer gewesen wärest.

Sieh herab auf die Vorsätze, die mich deine Gnade fassen läßt. Ich entsage dem Wohlgefallen, das ich an mir selber hatte und das seit langer Zeit meinen Geist und mein Herz beschäftigt hat. Wessen rühmst du dich, du Staub und Asche? Oder vielmehr, du wahres und elendes Nichts, was hast du an dir, das dir gefallen könnte? – Ich will mich demütigen, dies und jenes tun, diese und jene Verachtung geduldig auf mich nehmen. Ich will meine ganze Lebensweise ändern, will künftig der Anregung meines Herzens folgen, die mich zu meinem Schöpfer hinzieht, der mir dieselbe gab. Ich will in mir die Eigenschaft eines Geschöpfes Gottes ehren, welches ich bin; und mein ganzes Wesen, das ich von Ihm empfangen, will ich ihm weihen.

Danke Gott. «Lobe den Herrn, meine Seele, und alles, was in mir ist, seinen heiligen Namen» (Ps 103,1), denn ich bin Seiner Güte Dank schuldig, daß Er mich aus dem Nichts gezogen und in das Dasein gerufen hat. Opfere dich Gott auf. Dir, o mein Gott, sei alles aufgeopfert, was ich von dir empfangen habe; mein Herz sei ganz dir geweiht. Bete in aller Demut zu Gott. Mein Gott, ich bitte dich, stärke mich durch die Kraft deines Geistes in treuer Befolgung meiner gefaßten Entschlüsse und erhalte diese Vorsätze immer lebendig in mir.

Über das Ziel, zu dem der Mensch geschaffen ist

Gott hat uns nicht in die Welt gesetzt, als ob er uns brauchte; wir können ihm gar keinen Nutzen schaffen, sondern er hat uns geschaffen, weil er uns aus unendlicher Güte und Barmherzigkeit durch Seine Gnade und Größe teilnehmen lassen wollte. In dieser Absicht gab er dir alles, was du hast:

den *Verstand*, um ihn zu erkennen und anzubeten; das *Ge-dächtnis*, um Ihn immer in deinem Andenken zu haben; den *Willen*, um Ihn zu lieben; die Einbildungskraft, um dir Seine Wohlthaten vorzustellen; die Augen, um dich Seine Werke bewundern zu lassen; die Zunge, um Sein Lob auszusprechen, und so auch die übrigen Fähigkeiten und Kräfte.

Da dich nun Gott in solcher Absicht geschaffen hat, so ist es deine unerläßliche Pflicht, daß du alle Handlungen, die dieser zuwider sind, meidest und andere, die nichts zu diesem Endzweck beizutragen vermögen, als eitel und unnütz verachtest. Sieh, wie unglücklich die Welt ist, weil sie daran nicht denkt. Ich sage, die Menschen sind unglücklich, die so dahinleben, als wären sie überzeugt, sie seien nur auf der Welt, um Häuser zu bauen, Lustgärten anzulegen, Reichthümer zu sammeln und sich mit eitlem Tand zu beschäftigen.

Beschäme dich selbst und verzeihe es deiner Seele nicht, wenn sie ihr Elend nicht einsieht und diese Wahrheit vergißt. Womit war mein Geist beschäftigt, mein Gott, als ich deiner nicht mehr gedachte? Woran dachte ich, als ich dich vergaß? Was liebte ich, als ich dich nicht liebte? Die Wahrheit hätte meine Speise sein sollen, ich aber sättigte mich mit Eitelkeiten und stopfte mich damit voll. Da ich ein Sklave der Welt war, diente ich ihr – ihr, die mir hätte dienen sollen, dich zu erkennen und dich zu verherrlichen.

Wende dich ab von deinem alten Leben: Ich entsage euch, ich verabscheue euch – ihr falschen Grundsätze, ihr eitlen Gedanken, unnützen Ueberlegungen, abscheulichen Erinnerungen. Ich verabscheue euch – ihr treulosen und verbrecherischen Freundschaften, ihr eitlen Anhänglichkeiten an die Welt, ihr unseligen Dienstleistungen, ihr elenden Gefälligkeiten, und dich, du falsche Einstellung, die du um anderen Gutes zu thun, mich zur größten Undankbarkeit gegen Gott verleitet hast. Ich verabscheue euch von ganzem Herzen und von ganzer Seele.

Bekehre dich zu Gott. Du allein, mein Gott und Herr, sollst künftig der Gegenstand meiner Gedanken sein; nimmer werde ich etwas schätzen, was dir nicht gefällt. Mein Gedächtniß soll täglich, mein ganzes Leben hindurch, sich nur mit deiner Größe, mit deiner Milde, mit deiner Güte beschäftigen. Du sollst die Sonne meines Herzens, die Süße meiner Empfindungen sein.

Nun ist die Welt überwunden. Künftig sollen diese und jene Vergnügungen, denen ich mich überlassen habe, diese und jene Beschäftigungen, die mir meine Zeit geraubt haben, diese und jene Neigungen, die mein Herz in Anspruch genommen haben – dies alles soll künftig nur noch ein Gegenstand des Abscheus für mich sein. Und um mich in dieser Stimmung des Herzens zu halten, werde ich das Ziel, zu dem ich geschaffen bin, niemals aus den Augen verlieren.

Von *wahrer Frömmigkeit*

Frömmigkeit setzt die Liebe Gottes voraus, und, um eigentlich zu reden, sie selbst ist vollkommene Liebe Gottes. Diese Liebe heißt Anmut, weil sie der Schmuck unserer Seele ist, und die Augen der göttlichen Majestät mit Wohlgefallen auf sich zieht. Inwiefern sie uns zum Gutesthun stärkt, nennt man sie thätige Liebe; und inwiefern sie macht, daß wir das Gute sorgsam, schnell und wiederholt thun, erhält sie den Namen Frömmigkeit. Die Frömmigkeit ist also vollkommene Liebe Gottes. Ich erkläre dieß durch ein ganz einfaches Gleichniß, das aus der Natur genommen ist. Die Strauße sind zwar mit Flügeln versehen, erheben sich aber damit niemals über die Erde; die Hühner fliegen zwar, aber nur schwerfällig und niedrig; die Adler entgegen, die Tauben und Schwalben fliegen hoch und schnell, und halten in dem Fluge lange Zeit aus. Ebenso sind die Sünder nur irdische Menschen; sie kriechen immer nur auf der Erde. Die Gerechten, die noch unvollkommen sind, erheben sich zwar gen Himmel durch ihre guten Werke, aber nur selten, langsam und schwerfällig. Es gibt aber auch wahrhaft fromme Seelen, die in aller Weise, gleich den Adlern und Tauben, sich hoch, kräftig, und fast unermüdlich zu Gott emporschwingen. Mit einem Wort: Die Frömmigkeit ist nichts anderes als eine gewisse Behendigkeit und Lebhaftigkeit des Geistes, womit die thätige Liebe in uns, oder wir mit ihr alles Gute wirken, so viel uns möglich ist. Wie nun die thätige Liebe uns treibt, alle Gebote Gottes zu beobachten, so treibt uns sie Frömmigkeit, daß wir sie mit allem Fleiß und mit allem möglichen Eifer beobachten. Wer nicht alle Gebote Gottes ohne Ausnahme beobachtet, ist weder gerecht noch fromm; denn um gerecht zu sein, muß man eine thätige Liebe besitzen, und um fromm zu sein, muß man nebst dieser eine lebhafte und behende Achtsamkeit auf alles Gute haben, welches nur immer zu thun möglich ist.

Und weil die Frömmigkeit in einem hohen Grade der thätigen Liebe besteht, so macht sie uns behend, thätig und *emsig*, nicht nur in Beobachtung der Gebote Gottes, sondern auch in der Übung jener guten Werke, die nicht geboten, sondern nur angerathen sind, oder aus einer besondern (innerlichen) Eingebung hervorgehen. Ein Mensch, der kürzlich von einer schweren Krankheit genesen, geht ganz langsam und bedächtlich einher, auch nur so weit, als er es nöthig hat; ganz so wandelt auch der neubekehrte Sünder langsam und schwerfällig auf dem Wege des Heils, nur aus Noth die Gebote Gottes haltend, bis er endlich den Geist der Frömmigkeit erfaßt hat. Alsdann aber geht er nicht nur wie ein vollkommen gesunder, kraftvoller Mann einher, sondern läuft sogar frohen Muthes auf dem schon gewohnten Wege der Gebote Gottes; ja er betritt selbst jene Wege, welche anderen ungangbar erscheinen, und wohin ihn die Stimme Gottes ruft, sei es durch laut ausgesprochene Räthe, oder durch leise Eingebungen der Gnade. Endlich ist die thätige Liebe von der Frömmigkeit nicht mehr unterschieden, als das Feuer von der Flamme unterschieden ist. Denn die thätige Liebe ist das geistige Feuer der Seele, da, wenn es in Flammen ausbricht, Frömmigkeit genannt wird; so daß also die Frömmigkeit sozusagen zu dem Feuer der thätigen Liebe nichts mehr hinzufügt als die Flamme, welche die Liebe in Beobachtung der Gebote Gottes und in Befolgung der heilsamen Räthe und der himmlischen Eingebungen behend, thätig und *emsig* erhält.

Gott, der Schöpfer aller Dinge, befal den Bäumen, daß sie alle, jeder nach seiner Art, Früchte tragen sollten. Auch allen Gläubigen, welche die lebendigen Pflanzen Seiner Kirche sind, befal Er, daß sie würdige Früchte der Frömmigkeit bringen, je nach ihrem Stande und Berufe. Denn die Art und Weise ist nicht bei allen dieselbe; sie ist eine andere für Vornehme, eine andere für Handwerker, eine andere für Fürsten, eine andere für das Volk; sie ist eine andere bei den Herren, als bei ihren Untergebenen; eine andere bei verehelichten Frauen, als bei ledigen Personen, oder bei Wittwen. Selbst den Kräften, Arbeiten und Pflichten eines jeden Einzelnen muß die Uebung der Frömmigkeit entsprechen. In der That, wäre es wohl löblich, wenn ein Bischof so einsam als ein Karthäuser lebte; wenn verehelichte Personen, gleich den Kapuzinern, auf den Erwerb zeitlicher Güter verzichten wollten; wenn ein Gewerbsmann, wie ein Ordensgeistlicher, dem Gebete in der Kirche den ganzen Tag obliegen wollte; wenn der Ordensgeistliche, wie ein Bischof, sich allen Arten von Geschäften zum Dienste des Nächsten hingeben wollte? Indessen pflegt es doch oft so zu geschehen; und weil sodann die Welt zwischen der wahren Frömmigkeit und der Unbescheidenheit jener Personen, welche nur eine verkehrte Ansicht von der Sache haben, keinen Unterschied machen kann, oder nicht machen will, so lästert und verschreit sie die wahre Frömmigkeit, die ganz und gar keine Schuld daran hat, gegen alles Recht.

Nein, die wahre Frömmigkeit verdirbt nichts, sondern bringt vielmehr alles zu einer gewissen Vollkommenheit, so daß, wenn sie mit den rechtmäßigen Berufspflichten im Widerspruch steht, sie vielmehr aufhört, wahre Tugend zu sein. Die Biene, sagt Aristoteles, verläßt die Blüthen, aus denen sie Honig gesogen, so frisch und unverletzt, als sie dieselben gefunden hat; allein die Frömmigkeit thut noch mehr; sie verletzt nicht nur keine der verschiedenen Standespflichten, sondern legt ihnen vielmehr ein neues Verdienst zu, und ist ihre schönste Zierde. Man sagt, daß, wenn man was immer für Edelsteine in Honig legt, sie hierauf frischer erglänzen, als je zuvor, ohne ihre natürliche Farbe zu ändern. Ganz so verhält es sich mit Familien, in welchen die Frömmigkeit einheimisch ist. Alles nimmt in denselben einen besseren Gang, und gewinnt mehr ein heiteres Ansehen; in dem häuslichen Leben waltet mehr Ruhe und Friede, und in der Ehe mehr aufrichtige Liebe; man dient dem Fürsten mit größerer Treue, und liegt seinen Geschäften mit mehr Eifer und Liebe ob.

Es ist ein Irrthum, eine Ketzerei sogar, wenn man die Frömmigkeit von den fürstlichen Höfen, von den Armeen, aus den Werkstätten und Kaufhäusern, aus den Haushaltungen der Verehelichten verbannt wissen will. Wohl ist es wahr, daß die bloß beschauliche Frömmigkeit, wie sie den

Mönchen und Ordensgeistlichen zukommt, mit jenen Ständen nicht vereinbar sei … Deshalb aber können und müssen wir, in welchem Stande wir uns auch immer befinden, nach der Vollkommenheit trachten.

Die Reden der Welt

Sobald die Welt erfahren wird, daß du ein frommes Leben begonnen hast, wird sie nicht aufhören, durch Spott und Verleumdung dir weh zu tun. Die Boshafteren werden deine Umänderung übel deuten und sie für einen Kunstgriff der Heuchelei ausgeben; sie werden sagen, daß nur Verdruß, den die Welt dir machte, dich getrieben habe, bei Gott Zuflucht zu suchen. Deine Freunde werden sich beeifern, dir, wie sie glauben, die weisesten und liebreichsten Vorstellungen über das traurige Wesen eines frommen Lebens, über den Verlust deines Ansehens vor der Welt, über die Erhaltung deiner Gesundheit, über die Last, die du hierdurch selbst anderen verursachst, über deine Geschäfte, die darunter leiden müßten, über die Notwendigkeit, in der Welt mit der Welt zu leben, über die Mittel, die man besitzt, sein Heil zu wirken, ohne so viele Umstände zu machen etc.

Dieß alles ist nichts als eitles, albernes Geschwätz. Solche Leute sind weder deiner Geschäfte noch deiner Gesundheit wegen wahrhaft bekümmert. «Wenn ihr von der Welt wäret», spricht Jesus, «so würde euch die Welt als die Ihrigen lieben; da ihr aber nicht von der Welt seid, darum haßt sie euch» (Joh 15,19). Man sieht, daß Herren und Frauen ganze Nächte am Spieltisch zubringen; gibt es wohl eine ernstere und verdrießliche Anstrengung des Geistes als diese? Und dennoch lassen die Freunde derselben kein Wort dagegen heraus. Wenn wir aber des Morgens eine Stunde im

Gebet und in einer heiligen Betrachtung zubringen, läuft man schon zum Arzt, um uns von unserer Hypochondrie und Gelbsucht heilen zu lassen. Dreißig Nächte mag man auf einem Ball zubringe, und niemand beklagt sich darüber; hat man aber nur die Christnacht durchwacht, so hustet man den folgenden Tag und klagt dabei über Kopfschmerzen. Wer sieht nicht, daß die Welt ein ungerechter Richter sei, nachsichtig gegen ihre Kinder, aber hart und streng für die Kinder Gottes?

Unmöglich kann man sich mit der Welt befreunden, ohne sich mit ihr in den Untergang zu stürzen. Man kann ihr unmöglich genügen; so sehr ist sie mit sich selbst im Widerspruch. «Johannes ist gekommen», spricht Jesus, «er ißt nicht und trinkt nicht, und sie sagen: Er ist von einem Dämon besessen. Der Menschensohn ist gekommen, er ißt und trinkt; darauf sagen sie: Dieser Fresser und Säufer, dieser Freund der Zöllner und Sünder» (Mt 11,18 f.). Es ist wahr, Philothea, erlaubst du dir, aus Gefälligkeit für die Welt, ein Spiel oder einen Tanz, so wird sie sich an dir ärgern; tust du es nicht, so wird sie dich der Heuchelei beschuldigen, oder einen düsteren Menschenfeind nennen. Wenn du dich putzt und zierst, wird sie es dir übel deuten; vernachlässigst du dich aber in deinem Anzug, so wird es in ihren Augen eine Niederträchtigkeit des Herzens sein. Sie wird deine Munterkeit eine Ausgelassenheit und deine Abtötung einen Trübsinn nennen. Und weil sie dich immer mit schiefem Auge ansehen wird, wirst du ihr nie gefallen können. Sie hält unsere Unvollkommenheiten für Sünden, unsere läßlichen Sünden für Todsünden, und unsere Schrullen für Sünden der Bosheit. Die Welt handelt in allem der Nächstenliebe entgegen. Diese ist gütig, wie *Paulus* sagt (1 Kor 13,4), die Welt aber böse. Die Liebe denkt von niemandem Arges, die Welt aber denkt immer nur Böses, und zwar von allen Menschen ohne Unterschied. Vermag sie unsere Handlungen nicht zu beschuldigen, so beschuldigt sie doch unsere Absichten. Die Schafe mögen Hörner haben oder nicht, schwarz sein oder weiß, der Wolf frißt sie dennoch, wenn er ihnen beikommen kann. Was wir immer tun mögen, die Welt wird uns dennoch niemals im Frieden lassen.

Von der Unruhe des Herzens

Die Unruhe ist nicht bloße Versuchung; sondern obendrein eine bösartige Quelle vieler andern Versuchungen; um so mehr finde ich es nöthig, mich hierüber auszusprechen.

Die Traurigkeit ist nichts Anderes, als eine schmerzliche Empfindung unsers Geistes wegen eines Uebels, das wir gegen unsern Willen zu leiden haben; das Uebel mag ein äußerliches sein, wie Armuth, Krankheit, Verachtung; oder ein innerliches, wie Unwissenheit, Trockenheit des Herzens, Widerwillen gegen das Gute, und Versuchung. Sobald die Seele dieses Uebel fühlt, wird sogleich ein Mißfallen in ihr rege; nun dieß ist die Traurigkeit. Unmittelbar auf die Traurigkeit folgt das Verlangen, des Uebels los zu werden, und Mittel zu finden, sich davon zu befreien. Bis hieher haben wir Recht; denn natürlicher Weise wünscht Jeder, was er für gut, und fliehet, was er für böse hält.

Sucht die Seele die Mittel, sich von ihrem Uebel zu befreien, Gottes wegen, so thut sie es mit Geduld, Sanftmuth, Demuth und Ruhe, und erwartet ihre Befreiung mehr von der liebreichen Vorsehung Gottes, als von der eigenen Thätigkeit, Mühe und Sorgfalt. Sucht sie dieselben aber auf aus bloßer Eigenliebe, dann thut sie es mit solcher Hast und Hitze, wie wenn ihre gute Wirkung mehr von ihnen, als von

Gott abhinge. Ich sage nicht, daß sie wirklich so denke, sondern nur, daß sie scheine, so zu denken.

Wenn nun das, was sie wünscht, nicht sogleich erfolgt, so verfällt sie in Unruhe und Ungeduld. Und weil diese Unruhe nicht nur das Uebel nicht vermindert, sondern im Gegentheile vermehrt, so wird sie so übermäßig traurig, daß ihr, weil sie damit auch Kraft und Muth verliert, alle Hoffnung der Befreiung von ihrem Uebel entschwindet. Du siehest also, wie die Traurigkeit, so gerecht sie anfänglich war, die Unruhe erzeugt, und diese wieder die Traurigkeit, in ihrer Zurückwirkung auf dieselbe, dergestalt vergrößert, daß sie äußerst gefährlich wird.

Diese Unruhe ist das größte Uebel, das der Seele widerfahren kann. Denn gleichwie einen Staat Empörungen und Wirren innerlich verwüsten und außer Stand setzen, den auswärtigen Feinden zu widerstehen, also wird auch unser Herz, wenn es in Unruhe und Verwirrung versetzt ist, nicht mehr Kraft genug besitzen, die bereits erworbenen Tugenden zu behaupten, und den Versuchungen des Feindes zu widerstehen, der in solchen Fällen alle Macht aufbietet, um, wie man sagt, im Trüben zu fischen. Die Unruhe entsteht aus einem unordentlichen Verlangen, von dem Uebel, das man fühlt, befreit zu werden, oder das Gut, das man sich wünscht, zu erhalten. Und dennoch verschlimmert Nichts so sehr das Uebel, und entfernt mehr das Gute von uns, als eben die Unruhe und Uebereilung, gerade so, wie es bei den Vögeln der Fall ist, die, wenn sie einmal im Garne gefangen worden, sich immer mehr darin verstricken, je heftiger sie sich in demselben umherbewegen. Wenn also deines Herzens sehnlicher Wunsch ist, von irgend einem Uebel befreit zu werden, oder irgend ein Gut zu erlangen, so beruhige vor Allem Geist und Herz, dann erst bediene dich, je nach deinem Verlangen, ganz gelassen und ord-

nungsgemäß der dem Ziele, welchem du nachstrebst, ent-
sprechenden Mittel; sonst würdest du nicht nur deinen
Zweck verfehlen, sondern Alles verderben, und nur in noch
größere Verwirrung gerathen.

«Meine Seele, o Herr», spricht David, «ist stets in meinen Händen, und ich habe Deines Gesetzes nie vergessen.»
Erforsche dich, o Philothea, öfter des Tages, wenigstens
Morgens und Abends, ob du, wie Jener, deine Seele gleich-
falls zwischen deinen Händen tragest, oder ob irgend eine
Leidenschaft oder Unruhe sie dir geraubt habe. Erwäge, ob
dein Herz dir zu Gebote stehe, oder ob es dir aus den Händen entschlüpfet sei, um einer unordentlichen Neigung, als
Liebe, Haß, Neid, Geiz, Furcht, Traurigkeit, oder Freude,
zu huldigen. Hat es sich aber wirklich verirrt, so suche es
eilfertig auf, führe es sanft in die Gegenwart Gottes zurück,
und unterwirf alle deine Neigungen und Begierden dem
Gehorsam und der Leitung Seines göttlichen Willens. Wie
die Leute ein Ding, das ihnen sehr werth ist, wenn sie es zu
verlieren fürchten, in geschlossener Hand festhalten, also
müssen auch wir, nach dem Beispiele jenes großen Königs,
unausgesetzt ausrufen: «Gott, meine Seele ist in Gefahr verloren zu gehen; darum trage ich sie stets in meinen Händen,
und aus diesem Grunde kann ich auch niemals vergessen
Deines heiligen Gesetzes.» Laß dich nie von deinen Wünschen, wären sie auch noch so gering und unbedeutend, in
Unruhe setzen; denn nach den geringern würden die nach-
folgenden größern dein Herz zur Unruhe und Verwirrung
schon mehr gestimmt finden. Fühlst du dich also in eine
Unruhe versetzt, so empfiehl dich Gott, und entschließe
dich, Nichts von Allem zu thun, was dein Herz begehrt, ehe
die Unruhe sich gelegt haben wird; es beträfe denn eine
Sache, die sich nicht verschieben ließe. In diesem Falle thue
dir sanft Gewalt an, die Regungen deiner Begierde zu un-

terdrücken oder zu mäßigen; und dann erst handle, nicht zwar nach dem Verlangen deines Herzens, sondern wie du glaubst, daß es der Vernunft gemäß sei.

Vom einsamen Leben

Bedenke, was Gott tut und was du tust, da wirst du sehen, daß er seine Augen mit unglaublicher Liebe stets auf dich gerichtet hat. O mein Gott, wirst du sagen, warum schaue ich nicht immer so auf dich, wie du in aller Güte stets auf mich blickst? Warum gedenkst du, o Herr, meiner so oft, und warum denke ich so wenig und so selten an dich? Wo sind wir, meine Seele? In Gott ist unser wahrer Aufenthalt – und wo befinden wir uns?

Die Vögel haben ihre Nester, um sich im Notfalle dahin zurückzuziehen, und die Hirsche ihre Wälder und Gebüsch, um sich zu retten vor der Verfolgung der Jäger und zu schützen gegen die brennende Sonnenhitze; ebenso muß auch unser Herz sich täglich einen Aufenthalt wählen, entweder auf dem Calvarienberge oder in den Wunden unseres Herrn Jesus Christus, oder sonst irgendwo in dessen Nähe, um sich von Zeit zu Zeit dahin zurückzuziehen, sich dort zu erholen von dem Geräusch und Treiben der äußerlichen Geschäfte und sich zu schützen gegen die Irrungen und Wirrungen des Lebens. Heil der Seele, die mit Wahrheit zu unserem Herrn sagen kann: Du bist mein Zufluchtsort, meine Schutzwehr; unter dem Schatten deiner Flügel athme ich milde Luft und bin geschützt gegen das Ungemach der Witterung!

Vergiß also nie, dich den Tag über öfter in die Einsamkeit deines Herzens zu begeben, so daß es stets in der Gegenwart Gottes bleibe, während es von außen her die Geschäfte und der Umgang mit Menschen in Anspruch nehmen. Alles, was dich umgibt, kann dich nicht daran hindern, dich in diese Einsamkeit zurückzuziehen, weil alles außerhalb deiner ist. Das Andenken an die Gegenwart Gottes war die tägliche Übung des Königs David mitten unter seinen wichtigsten Geschäften, wie Tausende von Stellen in seinen Psalmen belegen. So sagt er z. B.: «Der Herr ist mein Licht und mein Heil; vor wem sollte ich mich fürchten? Der Herr ist meines Lebens Kraft; vor wem sollte mir grauen? Mein Herz hält dir vor dein Wort: ‹Ihr sollt mein Antlitz suchen.› Darum suche ich auch, Herr, dein Antlitz» (Psalm 28,1.8).

In der Tat sind unsere Unterhaltungen mit den Menschen nicht so ernst, noch unsere Geschäfte immer so anstrengend, daß unsere Seele ihnen nicht auf Augenblicke ihre Aufmerksamkeit sollte entziehen können, um sich in ihre so theure Einsamkeit zurückzuziehen.

Kehre also von Zeit zu Zeit in die innerste Einsamkeit deines Herzens ein und sprich dort mit Gott in gänzlicher Entäußerung von allen Geschöpfen über das so wichtige Geschäft deines Heils und deiner Vollkommenheit, wie ein Freund mit seinem Freunde spricht, von Herz zu Herz. Sprich zu ihm mit David: «Ich habe gewacht, und bin dem Pelikan in der Wüste ähnlich geworden; ich war wie die Nachteule in dem alten Gemäuer, und wie der einsame Sperling auf dem Hausdache.» Diese Worte, im buchstäblichen Sinne genommen, lehren uns, daß der große König in der Einsamkeit seines Herzens täglich einige Stunden in Beschauung geistiger (geistlicher) Dinge zugebracht habe; im mystischen Sinne aber eröffnen sie uns drei vortreffliche Arten der Einsamkeit, wohin wir uns begeben können. Das Gleichniß von der Nachteule, in einem alten Gemäuer versteckt, deutet auf die tiefe Erniedrigung unseres Herrn Jesus

Christus hin, der, in der Mitte eines Stalles, in der Krippe auf Stroh liegend, im Verborgenen und der ganzen Welt unbekannt, die Sünden derselben beweinte. Das Gleichniß von dem Pelikan, der sich selbst verwundet, und mit dem eigenen Blute seine Jungen nährt, oder wohl gar, wie man sagt, in das Leben zurückruft, bezeichnet unseren Herrn auf dem Calvarienberge, wo er aus Übermaß der Liebe sein Blut für unser Heil vergoß. Das dritte Gleichniß bezeichnet unseren Erlöser in seiner glorreichen Himmelfahrt, der, so niedrig und verachtet er in den Augen der Welt war, so glorreich von der Erde gen Himmel fuhr. Suchen wir also öfter an diesen drei Orten im Umgang mit Jesus von unsern Geschäften auszuruhen!

Ins Gleichgewicht kommen

Gott läßt diese Welt fortbestehen in immerwährendem Wechsel von Tag und Nacht, von den verschiedenen Jahreszeiten, von nasser und trockener Witterung, von trüber und heiterer Luft, von Windstille und heftigen Stürmen, so, daß fast kein Tag dem andern gleicht. O welch ein wundersamer Wechsel, welcher dem ganzen Weltall großen Reiz verleiht! Eben so verhält es sich mit dem Menschen, welchen die Alten eine Welt im Kleinen nannten. Er bleibt nie lange in demselben Zustande. Sein Leben fließt, wie die Wasser eines Stromes, in immerwährenden mannigfaltigen Bewegungen dahin, die ihn bald emporheben durch große Hoffnungen, bald wieder in die Tiefe versenken durch die Furcht; die ihn jetzt durch Tröstungen nach der Rechten, jetzt durch Trübsale nach der Linken treiben, so daß kein Tag dem andern, ja sogar keine Stunde der andern gleich kommt.

Es ist also Pflicht für uns, daß wir inmitten einer so großen Ungleichheit der Ereignisse und Vorfälle des Lebens eine stete und unwandelbare Gleichheit des Gemüthes bewahren, und zwar auf solche Weise, daß, während die Dinge um uns her sich wenden und verändern, wir immer unbeweglich und fest geheftet an diesem einzigen Mittelpunkte unsers Glückes bleiben, welcher ist, daß wir nur auf Gott allein schauen, nach Ihm allein trachten, nur Ihn allein zu besitzen suchen. Das Schiff mag nach Morgen oder nach Abend, nach Mittag oder nach Mitternacht seinen Lauf nehmen, und dieser oder jener Wind die Segel Schwellen, – die Magnetnadel, nach welcher der Lauf des Schiffes bestimmt wird, wird doch unverändert nach dem Polarstern weisen. Mag auch Alles, nicht nur um uns her, sondern auch in uns selbst unter und über sich gekehrt werden, d. i. mag auch unsere Seele traurig oder freudig sein, in Bitterkeit oder in Süße, in Versuchung oder in Ruhe sich befinden; mag sie an der Frömmigkeit Geschmack oder Ekel haben, im Gebete sich trocken oder süß gerührt fühlen; mag sie einem von der Sonne ausgebrannten, oder von dem Thau des Himmels befeuchteten Erdreiche gleichen, – immer, immerhin muß unser Herz, unser Geist, unser Wille beständig und unwandelbar auf Gott, unsern Schöpfer, unsern Erlöser, unser einziges und höchstes Gut gerichtet seyn. «Wir mögen leben oder sterben», spricht der Apostel, «so gehören wir Gott an»; und «wer wird uns also scheiden von der Liebe Gottes»? Nein, Nichts soll uns davon scheiden, weder Trübsal noch Angst, weder Furcht vor dem Tode noch Liebe zum Leben, weder Schmerz noch Furcht, weder List des Teufels noch süße Tröstungen, weder Trockenheit des Herzens noch Zärtlichkeit der Andacht – Nichts von dem Allem soll uns scheiden von der heiligen Liebe, welche gegründet ist in Jesus Christus (Römer 8,35).

Diese unbedingte, unwandelbare Entschließung, Gott niemals zu verlassen, noch von Seiner Liebe abzuweichen, dient unserer Seele als Gegengewicht, um sich, bei der großen Mannigfaltigkeit der Vorfälle im menschlichen Leben, in ein heiliges Gleichgewicht zu setzen.

Gotteserkenntnis

Versetz dich aber vor Allem in die Gegenwart Gottes, und flehe um Seine Gnade, damit du in Seiner Liebe und in Seinem Dienste dich wohl begründen mögest.

Erwäge den Adel und die Hoheit deiner Seele ob ihrer Erkenntniß, welche sie nicht nur über diese sichtbare Welt, sondern auch über das Dasein der Engel und Gottes, des höchsten, unendlich vollkommenen Wesens, besitzt, und daß es eine Ewigkeit gebe, und was Alles nothwendig sei, um so zu leben auf dieser Welt, daß man verdiene, den Engeln im Himmel beigezählt zu werden, und mit Gott einer ewigen Glückseligkeit zu genießen.

Deine Seele hat ferner eine Willenskraft, mit der sie fähig ist, Gott zu lieben, und unfähig, Ihn an sich selbst zu hassen. Fühle den Adel deines Herzens! Denn unter Geschöpfen findet es Nichts, was ihm vollkommen genügte, und kann also in nichts Anderem, als in Gott, seine Ruhe finden. Denke unbefangen an die liebsten, lebhaftesten Vergnügungen, die sonst dieses Herz beschäftigten, und urtheile mit kaltem Blute, ob sie nicht immer mit Unruhe, Verdruß, Ekel und Bitterkeit gemischt waren, so daß dein armes Herz darin Nichts denn Elend finden konnte.

Ach, daß unser Herz mit solcher Sehnsucht den irdischen Gütern nachstrebt, in der irrigen Meinung, daß es in ihnen die Befriedigung seiner Begierden finden werde! Und doch, kaum hat es sie gekostet, sieht es schon die Unmöglichkeit davon ein. Gott will nämlich, daß es nirgends Ruhe finde, gleichwie die Taube, die aus der Arche Noah geflogen war, bis daß es zu ihrem Gott zurückkehrt, den es verlassen hatte. O wie groß ist die Hoheit unsers Herzens! Warum halten wir es also gegen seinen Willen zurück in der Dienstbarkeit der Geschöpfe?

O meine Seele, sollst du sagen, du kannst Gott erkennen und lieben; warum findest du denn Gefallen an dem, was so unendlich tief unter dir steht? Du kannst auf die Ewigkeit Anspruch machen; warum heftest du dich an flüchtige Augenblicke? Unter Anderem, was der verlorne Sohn schmerzlich bereute, war auch dies, daß er, der an der väterlichen Tafel die niedlichsten Speisen genießen könnte, mit dem, was ihm die Schweine übrig gelassen, den Magen füllen sollte. O meine Seele, du bist fähig, Gott zu besitzen; wehe dir, wenn du dich mit dem, was minder als Gott ist, begnügest!

Erhebe also deine für die Ewigkeit geschaffene Seele zu Gott, und ermuthige sie, dieser Ewigkeit, deren sie so würdig ist, deine Gedanken und dein Streben zuzuwenden.

Erwäge die ewige Liebe, welche Gott zu dir getragen hat. Schon vor der Menschwerdung und dem Tode Jesu Christi liebte dich die göttliche Majestät, und hatte dich zu Seiner Liebe vorherbestimmt. Wann aber hat Er angefangen, dich zu lieben? Er fing an, dich zu lieben, als Er anfing, Gott zu seyn. Und wann fing Er an, Gott zu seyn? Niemals; denn Er ist ohne Anfang und ohne Ende, und Seine Liebe zu uns, die keinen Anfang gehabt, hat dir von Ewigkeit her die in der Zeit verliehenen Gnaden und Gaben vorbereitet. Dies sagt Er uns Allen durch den Propheten Jeremia: «Mit ewiger Liebe habe Ich dich geliebt, und aus Erbarmung habe Ich dich zu Mir gezogen» (Jeremia 31,3).

THEOTIMUS

Die vier Stufen der Vernunft

Der Tempel Salomos hatte drei Vorhöfe. Der erste war für die Heiden und Fremden bestimmt, die nach Jerusalem kamen, um Gott anzubeten; im zweiten versammelten sich die Israeliten beiderlei Geschlechts (denn die Trennung der Geschlechter bestand unter Salomo noch nicht); der dritte endlich diente den Priestern und Leviten. Außerdem gab es noch das Allerheiligste, in das nur der Hohepriester einmal im Jahr eintreten durfte (Hebr 9,7).

Unser Verstand oder, um es besser zu sagen, unsere Seele, insofern sie vernunftbegabt ist, ist der wahre Tempel des allerhöchsten Gottes, der auf ganz besondere Weise darin wohnt. «Ich suchte dich außer mir», sagte der Augustinus (Bek. 10,27), «und ich fand dich nicht, denn du warst in mir.»

In diesem mystischen Tempel gibt es auch drei Vorhöfe, nämlich drei Stufen der Vernunft. Auf der ersten überlegen und urteilen wir nach der *Erfahrung der Sinne*; auf der zweiten nach den Grundsätzen menschlicher *Wissenschaften*; auf der dritten nach dem *Glauben*. Außerdem steht über diesen drei Stufen, sie hoch überragend, *die höchste Spitze der Vernunft* und geistigen Fassungskraft, die nicht durch das Licht der Überlegung, noch durch die Vernunft geleitet wird, sondern durch ein einfaches Schauen des Verstandes und ein einfaches Empfinden des Willens, wodurch der Geist sich der Wahrheit und dem Willen Gottes hingibt und unterwirft.

Diese erhabene Höhe, dieser höchste Gipfel, diese höchste Spitze unserer Seele wird durch das Allerheiligste im Tempel treffend versinnbildet, und zwar aus folgenden Gründen:

- Das Licht, das im Allerheiligsten leuchtete, drang

nicht durch die Fenster ein. Ebenso empfängt auch die Seelenspitze ihr Licht durch keinerlei schlußfolgernde Erwägung.

• Das Licht kam vielmehr durch die Pforte. Ebenso empfängt die Seelenspitze all ihr Licht vom Glauben, in dessen Strahlen sie die Schönheit und Güte des göttlichen Wohlgefallens wahrnimmt und empfindet.

• Niemand außer dem Hohenpriester betrat das Heiligtum. Ebenso hat auch zu jenem Gipfel der Seele die Überlegung keinen Zutritt, sondern nur jenes große, erhabene, alles umfassende Empfinden, daß der göttliche Wille über alles geliebt, angenommen und umfaßt werden soll, nicht nur in diesem oder jenem Fall, sondern überall ohne Ausnahme, und nicht nur im allgemeinen, für alles, sondern auch im besonderen für jede Angelegenheit.

• Der Hohepriester verdunkelte bei seinem Eintritt in das Heiligtum noch das Licht, das durch die Pforte einfiel. Er warf so viel Räucherwerk auf das Rauchfaß, daß der Qualm das Licht daran hinderte, durch die Öffnung der Pforte einzudringen. Ebenso wird auf diesem Gipfel der Seele in gewisser Hinsicht auch der geistige Blick durch die Entsagung und den Verzicht der Seele «verdunkelt». Sie ist ja nicht so sehr darauf bedacht, die Schönheit der Wahrheit und die Wahrheit der Schönheit, die sich ihr zeigt, zu schauen, als sie zu umfangen und anzubeten. Sobald die hocherhabene Würde des göttlichen Willens sich ihr entschleiert, möchte sie fast die Augen schließen, um, ohne sich mehr mit ihrer Betrachtung zu befassen, ihn umso inniger und vollkommener zu umfangen und durch schrankenlose Liebe sich ihm auf ewig zu unterwerfen und mit ihm zu vereinigen.

In jenem Allerheiligsten befanden sich die Bundeslade mit den Gesetzestafeln, das Manna in einem goldenen Gefäß und der Stab Aarons, der in einer Nacht Blüten und

Früchte getrieben hatte (Hebr 9,4). So befinden sich auch auf dem höchsten Gipfel der Seele erstens der lichtvolle Glaube, dem im Kruge verborgenen Manna gleich, der uns jene Mysterien für wahr halten läßt, die wir nicht zu erkennen vermögen. Zweitens die kostbare Hoffnung, dargestellt durch Aarons blühenden und fruchttragenden Zweig, die uns die Verheißung jener Güter erwarten läßt, die wir nicht sehen. Endlich drittens die Liebe, dargestellt durch die in ihr enthaltenen Gebote Gottes. Durch die Liebe stimmen wir der Vereinigung unseres Geistes mit dem Geiste Gottes zu, wenn auch auf kaum fühlbare Weise.

Obwohl nämlich Glaube, Hoffnung und Liebe ihre göttliche Wirksamkeit auf fast alle Seelenkräfte, auf die geistigen wie auf die sinnenhaften, erstrecken, die sie ihrer rechtmäßigen Gewalt auf heilige Weise unterwerfen, so ist doch die höchste Spitze der Seele ihr besonderer Wohnsitz, ihr wahrer und wesenhafter Aufenthalt. Von hier aus ergießen sie sich, einem Quell lebendigen Wassers gleich, in verschiedenen Armen und Bächen über alle Bereiche und Fähigkeiten der Seele. Es gibt also *im höheren Teil des Geistes zwei Stufen.* Auf der ersten ergeht man sich in *Gedanken, die vom Glauben und* übernatürlichen Licht abhängen. Auf der zweiten aber *gibt sich* die Seele *einfach dem Glauben, der Hoffnung und der Liebe hin.*

Die Seele des Paulus fühlte sich von zwei verschiedenartigen Wünschen gedrängt. Der erste war, vom Körper losgelöst zu werden, um bei Jesus im Himmel zu sein, der andere, auf dieser Welt zu bleiben, um für die Bekehrung der Völker zu wirken (Phil 1,23.24). Zweifellos entsprangen beide Wünsche dem höheren Seelenteil, weil sie ja beide in der Liebe wurzelten. Der Entschluß jedoch, dem zweiten Wunsch zu folgen, war nicht die Frucht einer Überlegung, sondern eines einfachen Schauens oder Empfindens des göttlichen Willens. Ihm gab sich dieser große Diener Gottes mit der obersten Spitze seiner Seele hin, ungeachtet aller anderen Einwände.

Wenn aber Glaube, Hoffnung und Liebe sich durch diese heilige Hingabe auf der obersten Seelenspitze bilden – wie können dann auf der niedrigeren Stufe noch Gedankengänge gepflegt werden, die vom Glaubenslicht abhängen? Dies geht auf ähnliche Weise vor sich wie bei menschlichen Auseinandersetzungen. Wir sehen, daß die Anwälte sich vor Gericht in langen Reden über den Tatbestand und die Rechte ihrer Klienten ergehen. Der Gerichtshof oder Senat löst dann durch rechtskräftigen Entscheid alle Schwierigkeiten. Trotzdem diskutieren dann noch Anwälte und Hörer miteinander über die Gründe, die den Gerichtshof zur Setzung des Urteils mögen bewogen haben.

Wenn also eigenes Nachdenken und im besonderen die göttliche Gnade die Seelenspitze bewogen haben, wie durch einen Beschluß sich dem göttlichen Willen hinzugeben, so hört doch der Verstand nicht auf, immer wieder die Ursachen und Gründe dieses bereits angenommenen Glaubens zu erwägen. Diese Erörterungen der Theologen gehen auf dem Parkett und vor den Schranken des höheren Seelenteils vor sich; die Hingabe aber geschieht auf dem Richterstuhl der höchsten Spitze des Geistes.

Beschreibung der mystischen Theologie

Gott allein in seinem grenzenlosen Wissen sieht, ergründet und durchdringt alles Hin und Her unseres Geistes; von weitem schon erfaßt er unsere Gedanken und ist vertraut mit unseren Wegen, Irrwegen und Umwegen. Sein Wissen darüber ist wunderbar, es übersteigt unsere Fassungskraft, und wir können es nicht erreichen (Ps 138,3–6). Wollten wir auf uns selbst zurückkommen durch Zurückdenken, Rückschauen und wiederholtes Überprüfen unserer Handlungen, so würden wir in ein Labyrinth geraten und sicher den Ausgang nicht mehr finden. Es würde eine unerträgliche Anspannung erfordern, nachzudenken über unsere Gedanken, unsere Erwägungen zu erwägen, alle unsere Ansichten zu übersehen, zu erkennen, daß wir erkennen, uns daran zu erinnern, daß wir uns erinnern. Es würden Verwicklungen entstehen, die aufzulösen wir nicht imstande wären.

Wir verstehen hier unter Gebet *nicht die einfache «Bitte um irgendein Gut, die Gott von den Gläubigen vorgebracht wird»* (Basilius, Hom. in Mart. Jul. § 3), sondern wir nehmen das Wort im Sinne des Bonaventura (Centil. 3,46), wenn er sagt, daß im Gebet alle Akte der Beschauung mit eingeschlossen sind; oder im Sinne Gregors von Nissa (Or. 1 de Orat. Dom. am Anfang), der lehrt, daß das Gebet ein Gespräch und eine Unterredung der Seele mit Gott ist, oder im Sinne des Chrysostomus (Orat. 1 und 2 de precat.), der uns sagt, daß das Gebet eine vertrauliche Unterhaltung mit der göttlichen Majestät ist, oder auch im Sinne des Augustinus (De Spir. et An. 1) und des Johannes von Damaskus (De fide orth. 3,24), wenn sie sagen, daß das Gebet «ein Aufstieg oder eine Erhebung des Geistes zu Gott» ist. Wenn das Gebet also eine Zwiesprache, eine vertrauliche Unterredung, *ein Gespräch der Seele mit Gott* ist, so sprechen wir durch dasselbe mit Gott und Gott spricht zu uns, wir verlangen sehnsüchtig nach ihm, atmen zu ihm auf und er hinwieder haucht uns seinen Geist ein und gießt ihn über uns aus. Aber worüber unterhalten wir uns im Gebet? Was ist der Gegenstand unserer Unterredung? *Im Gebet spricht man nur von Gott*; worüber könnte denn Liebe sonst sprechen und sich besprechen, als über den Vielgeliebten?

Daher sind *Gebet und mystische Theologie ein und dasselbe.* Man bedient sich der Bezeichnung «Theologie», denn wie die spekulative Theologie Gott zum Gegenstand hat, so auch die mystische, aber mit einem dreifachen Unterschied:

Erstens handelt jene von Gott, insofern er Gott ist; während diese von ihm spricht als von dem über alles Liebenswerten. Das heißt, jene betrachtet die Göttlichkeit der höchsten Güte und diese die alles übertreffende Güte der Gottheit.

Zweitens spricht die spekulative Theologie von Gott zu Menschen und unter Menschen, während die mystische *von Gott mit Gott und in Gott selbst* spricht.

Drittens strebt die spekulative Theologie danach, Gott zu erkennen, die mystische aber, *ihn zu lieben,* so daß jene ihre Schüler zu Gottesgelehrten macht, während diese ihre Jünger zu *Menschen* macht, *die Gott lieben, für ihn glühen, ihm hingegeben sind.*

Mystisch nennt man sie, da das Gespräch *ganz im geheimen* vor sich geht; es wird zwischen Gott und der Seele nicht anders als von Herz zu Herz gesprochen, durch eine für andere als die Sprechenden gar nicht mitteilbare Mitteilung. Die Sprache der Liebenden ist von so besonderer Eigenart, daß niemand sie versteht als diese selbst. «Ich schlafe», sagt die Braut im Hohenlied, «und mein Herz wacht; und da spricht mein Geliebter mit mir» (Hld 5,2). Wer hätte je erraten können, daß die Braut sich noch mit ihrem Bräutigam unterhielt, nachdem sie schon eingeschlafen war? Doch wo die Liebe herrscht, bedarf es nicht des Geräusches äußerer Worte, noch des Gebrauches der Sinne, um miteinander zu reden und einander zu hören. Kurz, Gebet und mystische Theologie sind nichts anders als *ein Gespräch, in dem sich die Seele liebevoll mit Gott über seine höchst lie-*

benswürdige Güte unterhält, um mit ihr eins zu werden und mit ihr ganz verbunden zu sein.

Das Gebet ist ein Manna, ein «*verborgenes*» Manna (Offb 2,17), denn es fällt vor der Tageshelle irgend eines Wissens in die geistige Einsamkeit, dort, wo die Seele allein mit ihrem Gott allein spricht. Von ihr könnte man sagen: «Wer ist diese, die dort aus der Wüste heraufsteigt, umgeben von feurigen Wolken, umhüllt vom Duft der Myrrhe, des Weihrauchs und Würzstaubs aller Art?» (Hld 3,6).

Es war auch das *Verlangen nach Heimlichkeit*, das die Braut antrieb, ihren Vielgeliebten zu bitten: «Komm, mein Liebster, laß uns hinaus in die Fluren ziehen, laß uns in Dörfern unsere Wohnstätte aufschlagen» (Hld 7,11). Darum wird auch die Geliebte der Täubin verglichen (Hld 2,12.14; 6,8; Ps 83,3), die die schattigen, einsamen Orte liebt, wo sie einzig und allein nur den Tauber ihren Gesang vernehmen läßt, ihm schöntut, solange er lebt, und ihm ihr Klagelied singt, wenn er tot ist. Deshalb bekunden auch Bräutigam und Braut im Hohenlied ihre Liebe zueinander in beständiger, vertraulicher Zwiesprache. Mischen sich ab und zu Freunde und Freundinnen in das Gespräch, so geschieht es nur ganz flüchtig und so, daß das Zwiegespräch nicht gestört wird. Darum zog auch Theresa von Avila anfänglich mehr Nutzen aus den Geheimnissen, in denen Jesus allein war, wie z. B. am Ölberg, oder wo er die Samariterin erwartete; denn es kam ihr vor, als müsse er sie eher an sich herankommen lassen, wenn er allein sei (Leben von ihr verfaßt, 9. Kap.).

Liebe verlangt nach Heimlichkeit; haben die Liebenden sich auch nichts Geheimes zu sagen, so gefallen sie sich doch darin, es im Geheimen zu sagen. Wenn ich nicht irre, so kommt das einerseits daher, weil sie *nur zueinander reden wollen*; sprächen sie aber laut, so hätten sie das Gefühl, daß das, was sie sagen, nicht für sie allein ist. Andererseits kommt dies auch daher, daß sie die alltäglichen Dinge nicht mit alltäglichen Worten, sondern auf eine so eigenartige Weise sagen, daß dadurch die ganz besondere Liebe zum Ausdruck kommt, mit der sie es sagen. Die Sprache der Liebe hat nichts Besonderes, wenn man nur auf die Worte schaute, aber *ihre Art zu sprechen und zu betonen ist so eigentümlich, daß nur die Liebenden sie verstehen.* Das Wort «Freund», ganz allgemein gesagt, hat nicht viel zu bedeuten; abseits und heimlich ins Ohr geflüstert, sagte es Wunderbares. Und je geheimer das Wort ausgesprochen wird, umso liebenswerter ist seine Bedeutung.

O Gott, wie verschieden ist doch die Sprache der großen Liebenden des Altertums, eines Ignatius, Cyprian, Chrysostomus, Augustinus, Hilarius, Ephrem, Gregor, Bernhard! Wie verschieden ist doch ihre Sprache von der solcher Theologen, die Gott weniger lieben! Wir bedienen uns der gleichen Worte, aber bei ihnen hatten diese Worte Wärme, waren voll des süßen Duftes der Liebe, während sie bei uns kalt und ohne jeden Duft sind.

Die Liebe spricht nicht nur mit der Zunge, sondern auch mit den Augen, durch Sehnsucht und Gebärden. Ja, auch die Stille und das Schweigen dienen ihr als Wort. «Mein Herz ruft zu dir, o Herr; mein Angesicht sucht dich; o Herr, ich suche dein Antlitz» (Ps 26,8). «Meine Augen sind ermattet, da sie sagen: Wann endlich wirst du Trost mir bringen?» (Ps 118,82). «Höre, o Gott, mein Gebet! Vernimm meinen Hilferuf! Verschließ dich nicht meinen Tränen!» (Ps 38,13). «Nimmer gönne dir Ruhe, nie schweige dein Auge!», so sprach das trostlose Herz der Bewohner Jerusalems zur eigenen Stadt (Klgl 2,18). Dem entnimmst du, daß das Schweigen trauriger Liebender mit Augen und Tränen spricht.

Vom innerlichen Gebet

Das Wort *Betrachtung* kommt in den heiligen Schriften sehr häufig vor und will nichts anderes bezeichnen als *ein aufmerksames, wiederholtes Nachdenken, das geeignet ist, gute oder böse Affekte in uns zu wecken.* Im ersten Psalm wird der Mann selig gepriesen, der am Gesetz des Herrn Freude hat, der seinem Gesetz nachsinnt bei Tag und bei Nacht (Ps 1,2). Im zweiten Psalm aber heißt es: «Warum toben die Heiden und sinnen die Völker Eitles?» (Ps 2,1).

Gutes wie Böses kann also Gegenstand der Betrachtung sein. Da jedoch die Heilige Schrift das Wort *Betrachtung* gewöhnlich verwendet, um das Aufmerken auf göttliche Dinge zu bezeichnen, das uns zu deren Liebe aneifern soll, ist das Wort nach allgemeiner Übereinstimmung der Theologen sozusagen heilig gesprochen worden, ähnlich wie die Worte «Engel» und «Eifer», während im Gegensatz dazu die Worte «List» und «Dämon» eine schlechte Bedeutung erhalten haben. Wenn man jetzt von Betrachtung spricht, versteht man darunter die Betrachtung, mit der man in der mystischen Theologie anfängt.

Jedes Betrachten ist ein Nachdenken, aber nicht jedes Nachdenken ist ein Betrachten. Häufig gehen wir Gedanken nach, ohne Ziel und Absicht, einfach *zum Zeitvertreib,* und gleichen Mücken, die da und dort auf Blumen herumfliegen, ohne etwas aus ihnen herauszuholen. Dieses Denken, so aufmerksam es auch sein mag, kann nicht als Betrachtung gewertet werden; es ist nichts anderes als ein einfaches «Denken». Manchmal denken wir aufmerksam über etwas nach, um dessen Ursachen, Wirkungen und Eigenschaften kennen zu lernen. Solches Nachdenken nennt man Studieren; wir gleichen dann Maikäfern, die unterschiedslos auf Blätter und Blüten fliegen, um sie zu benagen und sich davon zu ernähren.

Denken wir aber über göttliche Dinge nach, nicht um unsere Kenntnisse zu vermehren, sondern *um sie noch mehr zu lieben,* so heißt das *betrachten,* und die Übung *Betrachtung.* Da suchen wir die Blüten der heiligen Mysterien nicht auf, um wie Mücken nur herumzufliegen; auch nicht, um wie Maikäfer uns davon zu ernähren und damit zu sättigen, sondern wie Bienen, die daraus den Honig göttlicher Liebe zu gewinnen suchen.

Es gibt Menschen, die immer grübeln und ständig mit unnützen Gedanken beschäftigt sind, fast ohne zu wissen, woran sie denken. Das Merkwürdige ist, daß sie sich aus Gedankenlosigkeit in Gedanken ergehen, die sie eigentlich nicht haben wollen. Das bezeugt auch jener, der sagte: «Zerstreut sind meine Gedanken, die mein Herz quälen» (Ijob 17,11). Andere studieren aus Neugierde und füllen ihren Kopf in mühsamer Arbeit mit eitlem Wissen; doch nur wenige gibt es, die sich der Betrachtung hingeben, um ihr Herz zu heiliger, himmlischer Liebe zu entflammen.

Kurz gesagt: Nachdenken und Studium befassen sich mit allerlei Dingen, aber die Betrachtung, von der wir hier reden, sieht nur auf Dinge, deren Erwägung dazu dient, uns gut und achtsam zu machen. *So ist also die Betrachtung nichts anderes als ein aufmerksames, wiederholtes oder freiwillig fortgesetztes Nachsinnen unseres Geistes, um den Willen zu heiligen und zu heilsamen Affekten und Entschlüssen anzuregen.*

In einem wunderbaren Gleichnis spricht sich Gottes Wort darüber aus, worin die Betrachtung besteht. Jesaja will in seinem Gesang die Gedanken beschreiben, die er sich über seine Krankheit machte, und sagt: «Ich zwitschere wie ein Schwalbenjunges, und wie eine Taube sinne ich nach» (Jes 38,14). Hast du je beobachtet, Theotimus, wie weit die jungen Schwalben ihre Schnäbel aufsperren, wenn sie zwitschern, und wie im Gegensatz dazu die Tauben unter allen Vögeln die einzigen sind, die mit geschlossenem Schnabel gurren? Sie lassen ihre Stimme in ihrer Kehle und Brust gleichsam rollen, so daß der Schall nur als Widerhall nach außen dringt – und dieses leise Gurren dient ihnen dazu, ihren Schmerz wie ihre Liebe zu äußern.

Um nun zu zeigen, daß er mitten in seinem Ungemach oft *mündliche Gebete* spricht, sagt Jesaja: «Ich zwitschere wie ein Schwalbenjunges»; ich öffne meinen Mund, um Klagetöne vor Gott auszustoßen. Um aber andererseits auch zu sagen, daß er *das innerliche Gebet* übe, fügt er hinzu: «Ich sinne nach wie eine Taube», indem ich meine Gedanken in meinem Herzen durch aufmerksame Erwägung hin und her wende, um mich anzuspornen, die über alles erhabene Barmherzigkeit Gottes zu loben und zu preisen, die mich den Pforten des Todes entrissen hat (Jes 38,10) und Mitleid hatte mit meinem Elend.

Ebenso sagt Jesaja: «Wir lärmen oder brummen wie Bären und gurren sinnend wie Tauben» (Jes 59,11). Der Lärm, den die Bären machen, bezieht sich auf die Rufe, durch die wir im mündlichen Gebet zu Gott emporschreien, und das Gurren der Tauben auf die heilige Betrachtung.

Damit man aber wisse, daß die Tauben nicht nur aus Traurigkeit gurren, sondern auch aus Liebe und Freude, sagt der Bräutigam im Hohenlied, wo er den Frühling in der Natur beschreibt, um auf die Schönheiten des geistlichen Frühlings hinzuweisen: «Die Stimme der Turteltaube ließ sich in unserem Land vernehmen» (Hld 2,12). Im Frühling fängt die Turteltaube nämlich an, sich in Liebe zu ereifern, was sie durch häufiges Gurren kundtut. Und gleich darauf heißt es: «Meine Taube, laß mich dein Antlitz sehen, laß mich deiner Stimme lauschen, denn deine Stimme ist lieblich, dein Antlitz hold» (Hld 2,14). Damit will der Bräutigam sagen, wie lieb ihm die achtsame Seele ist, wenn sie vor ihm erscheint und betrachtet, um sich auf die Liebe zu freuen, so wie auch die Tauben einander zu ihrer Liebe erregen.

Darum spricht auch jener, der gesagt hat: «Wie eine Taube betrachte ich», seinen Gedanken an einer anderen Stelle noch klarer aus, wo er sagt: «Ich werde vor dir, mein Gott, über alle meine Jahre nachdenken in der Bitternis meiner Seele!» (Jes 38,15), denn Betrachten oder Nachdenken, um Affekte hervorzurufen, ist ein und dasselbe. Darum gibt auch Mose, da er das Volk ermahnt, der Wohltaten zu gedenken, die es von Gott erhalten hat, den Grund an: «Damit du seine Gebote hältst und auf seinen Wegen wandelst und ihn fürchtest» (Dtn 8,6). Und der Herr selbst gibt Josua den Auftrag: «Tag und Nacht sollst du im Gesetzbuch betrachten, damit du alles hältst und tust, was darin geschrieben steht» (Jos 1,8). Was an der einen Stelle durch das Wort «*Betrachten*» ausgesprochen wird, ist an der anderen als «*Nachdenken*» bezeichnet. Um zu zeigen, daß *der häufig wiederholte Gedanke und die Betrachtung dazu dienen, uns zu Entschlüssen und Taten zu bewegen*, ist an der einen und anderen Stelle gesagt, daß man über das Gesetz nachdenken und es betrachten muß, um es zu beobachten und zu erfüllen.

In diesem Sinne ermahnt uns auch der Apostel: «Denkt an den, der solchen Widerspruch gegen sich von den Sündern erduldet hat, dann werdet ihr nicht müde werden und den Mut nicht sinken lassen» (Hebr 12,3). Wenn er sagt «*denkt nach*», so ist es dasselbe, wie wenn er sagte «betrachtet». Aber warum will er, daß wir das Leiden des Herrn betrachten? Sicherlich nicht, um gelehrt, sondern *um geduldig und mutig auf dem Weg zum Himmel zu werden.*

«Wie habe ich dein Gesetz so lieb gewonnen», sagt David, «den ganze Tag denke ich darüber nach» (Ps 118,97). Er betrachtet das Gesetz, weil er es liebt, und er liebt es, weil er es betrachtet.

Die Betrachtung ist nichts anderes als *eine geistige Erfahrung*, die dem Wiederkäuen ähnlich ist, das im Alten Bund die reinen Tiere von den unreinen unterscheidet (Lev 11,3.8; Dtn 14,3.6). Eine der frommen Hirtinnen, die in der Gefolgschaft der Braut des Hohenliedes ist, lädt uns dazu ein. Sie versichert uns, *daß die Liebe einem kostbaren Weine gleicht*, der es verdient, nicht nur von den Hirten und Gottesgelehrten getrunken, sondern auch bedachtsam getrunken und sozusagen gekaut und wiedergekaut zu werden. «Deine Kehle», sagt sie, in der die heiligen Worte geformt werden, «ist ein sehr guter Wein, wert, von meinem Geliebten getrunken zu werden und immer wieder über seine Lippen und Zähne zu gehen» (Hld 7,9). So ging auch *Isaak*, einem unschuldigen Lamm gleich, gegen Abend hinaus in die Felder, um einsam zu sein und sich mit Gott zu unterreden, d.h., um zu beten und zu betrachten (Gen 24,63).

Die Biene fliegt im Frühling hierhin und dorthin, nicht sinnlos, sondern mit Bedacht, nicht nur, um sich an der heiteren Buntheit der Landschaft zu erfreuen, sondern um Honig zu sammeln. Hat sie diesen gefunden, in sich aufgenommen und sich damit beladen, so bringt sie ihn in den Stock, sondert das Wachs davon ab und baut aus demselben kunstgerecht die Waben, in denen sie ihn für den kommenden Winter aufbewahrt. Ähnlich verfährt die achtsame Seele bei der Betrachtung: Sie *geht von einem Geheimnis zum andern*, aber nicht nur, um herumzufliegen, nicht nur, um die Schönheit der göttlichen Dinge zu sehen und an ihr Freude zu haben, sondern *mit der Absicht, Beweggründe zur Liebe zu finden.* Und hat sie diese gefunden, so macht sie sich diese zu Eigen, kostet sie, nimmt sie mit, und nachdem sie dieselben in ihr Herz gelegt hat, sondert sie das ab, was ihr für ihren eigenen Fortschritt am geeignetsten erscheint, um dann zum Schluß geeignete Vorsätze für die Zeit der Versuchung zu fassen.

So fliegt, einer mystischen Biene gleich, die Braut im Hohenlied bald auf die Augen, bald auf die Lippen, bald auf die Wangen und Haare ihres Vielgeliebten, um aus ihnen die Süße ungezählter leidenschaftlicher Liebesempfindungen zu schöpfen. Sie beachtet dabei genau, was sie an Köstlichkeiten darin findet. Brennend vor Liebe, spricht sie mit ihm, stellt ihm Fragen, hört ihm zu, seufzt, sehnt sich nach ihm, bewundert ihn. Er seinerseits überhäuft sie mit Freude, regt sie an, rührt und öffnet ihr Herz und teilt demselben klare Erkenntnisse, Erleuchtungen und Wonnen ohne Ende mit. Dies geschieht aber auf eine so geheime Weise, daß man von diesen Gesprächen der Seele mit Gott das Gleiche sagen kann, was die Heilige Schrift von der Unterredung Gottes mit Mose sagt: «Als Mose allein auf der Bergeshöhe war, sprach er mit Gott, und Gott antwortete ihm» (Ex 19,19.20; 33,11).

Beschauung und Betrachtung

Die Beschauung, ist nichts anderes als *ein liebevolles, einfaches, ständiges Aufmerken des Geistes auf göttliche Dinge.* Das wird uns durch einen Vergleich mit der Betrachtung leicht begreiflich:

Die jungen Bienen werden Nymphen genannt bis zu dem Augenblick, wo sie Honig bereiten. Dann nennt man sie Bienen. Desgleichen nennt man das innerliche Gebet Betrachtung, bis es den Honig der Hingabe an Gott hervorgebracht hat. Danach verwandelt es sich in Beschauung. Denn so wie die Bienen durch die Landschaft fliegen, da und dort Honig sammeln und dann den zusammengetragenen bearbeiten, um sich an seiner Süße zu erfreuen, so pflegen auch wir *die Betrachtung, um die Liebe zu Gott zu gewinnen. Haben wir sie aber gewonnen, schauen wir Gott und versenken uns in seine Güte*, um der Seligkeit willen, die die Liebe uns daran finden läßt. Das Verlangen nach der göttlichen Liebe läßt uns betrachten, *die gewonnene Liebe aber läßt uns beschauen.* Denn durch die Liebe finden wir eine so beglückende Seligkeit in dem, den wir lieben, daß wir uns an ihm nicht satt sehen können.

Die Königin von Saba beobachtete die Weisheit Salomos, wie sie sich in allen Einzelheiten offenbarte: in seinen Antworten, in der Schönheit seines Hauses, in der Pracht seiner Tafel, in den Wohnungen seiner Diener. Sie sah seine Weisheit in der Ordnung, der alle folgten, die zu seinem Hofe gehörten, sowohl bei der Ausübung ihrer Ämter als auch in ihrer Kleidung, Haltung und in der Menge der Brandopfer, die sie im Hause des Herrn darbrachten. Da sie das alles sah, erfaßte sie brennende Liebe; *ihr Betrachten wurde ein bewunderndes Schauen*, sie geriet außer sich vor Freude und brach in begeisterte Worte aus. Der Anblick so vieler Herrlichkeiten erzeugte in ihrem Herzen eine heftige Liebe, und diese Liebe rief hinwiederum ein neues Verlangen hervor, immer mehr den zu sehen, immer mehr sich der Gegenwart dessen zu erfreuen, bei dem sie das alles gesehen. Und so rief sie aus: «Glücklich die Diener, die immer um dich sind und deiner Weisheit lauschen!» (1 Kön 10,4–8).

Manchmal fangen wir zu essen an, um unseren Appetit anzuregen; ist aber der Appetit wachgerufen, so essen wir weiter, um den Appetit zu befriedigen. Gleicherweise betrachten wir zuerst die Güte Gottes, um unseren Willen zur Liebe anzuspornen; ist aber die Liebe in unserem Herzen erwacht, so betrachten wir die Güte selbst, um unsere Liebe zu befriedigen, die sich an dem, was sie liebt, nicht satt sehen kann. Kurzum: *Die Betrachtung ist die Mutter der Liebe, aber die Beschauung ist deren Tochter.* Darum habe ich gesagt, daß die Beschauung ein liebevolles Aufmerken ist. Denn man nennt die Kinder mit dem Namen ihrer Eltern und nicht die Eltern mit dem Namen ihrer Kinder.

Der ägyptische Josef war Krone und Ruhm seines Vaters; er steigerte dessen Ehre und Freude in hohem Maße und verjüngte ihn gleichsam in seinem Alter. So krönt auch die Beschauung ihre Mutter, die Liebe, verleiht ihr Vollendung und höchsten Wert. Hat nämlich die Liebe die beschauende Achtsamkeit in uns geweckt, so wird durch diese Achtsamkeit eine stärkere, glühendere Liebe hervorgerufen, die schließlich, wenn sie sich dessen erfreut, was sie liebt, mit Vollkommenheiten gekrönt wird.

Die Liebe läßt uns Gefallen finden am Anblick des Vielgeliebten und der Anblick des Vielgeliebten wieder Gefallen finden an seiner Liebe. Durch diese wechselseitige Bewegung von der Liebe zum Schauen und vom Schauen zur Liebe erhöht die Liebe noch die Schönheit dessen, was man liebt, und das Schauen dieser Schönheit macht die Liebe noch reicher und trunkener. Die Liebe ist die geheimnisvolle Fähigkeit, die Schönheit, die man liebt, noch schöner erscheinen zu lassen, und die Schau der Schönheit vertieft wieder die Liebe, so daß sie die Schönheit noch liebenswerter findet. *Die Liebe drängt dazu, die geliebte Schönheit immer noch aufmerksamer anzuschauen, und das Schauen zwingt das Herz, sie immer noch brennender zu lieben.*

Wer aber, frage ich dich, besitzt mehr Kraft: die Liebe,

um uns zur Schau des Vielgeliebten, oder seine Schau, um uns zu seiner Liebe zu drängen? Kenntnis, Theotimus, ist erforderlich, um die Liebe zu wecken; *nie können wir etwas lieben, was wir nicht kennen*; und je mehr die aufmerksame Kenntnis des Guten zunimmt, desto mehr steigert sich auch die Liebe, vorausgesetzt daß nichts da ist, was ihre Regungen hemmt. Dennoch geschieht es oft, daß die Liebe, nachdem sie von der Kenntnis geweckt worden ist, nicht innerhalb der durch den Verstand gesetzten Grenzen der Erkenntnis bleibt, sondern sie überschreitet und weit darüber hinausgeht. Daher kann auch in diesem sterblichen Leben *unsere Liebe größer sein als unser Wissen von Gott*.

Der göttliche Thomas versichert (IIa IIae, qu.82 art 3 ad 3), daß ungebildete Frauen und schlichte Leute oft reich an Frömmigkeit und für die göttliche Liebe empfänglicher sind als Gebildete und Gelehrte. Der berühmte Abt von St. Andreas zu Vercelli, Lehrer des Antonius von Padua, wiederholt mehrmals in seinem Kommentar zum heiligen Dionysius, «daß die Liebe dorthin vordringt, wohin äußerliches Wissen nie gelangen kann» (De Div. Nom. 3). Ferner sagt er, es habe «Bischöfe gegeben, die, ohne gelehrt zu sein, tief in das Geheimnis der allerheiligsten Dreifaltigkeit eingedrungen» seien. In dieser Hinsicht bewundert er auch seinen Schüler, den heiligen Antonius von Padua, der «ohne weltliches Wissen zu besitzen, ein so tiefer mystischer Theologe war, daß man ihn wie einen zweiten Johannes den Täufer eine leuchtende, brennende Lampe (Joh 5,35) nennen konnte» (Chron. Fratr. M. 5,5).

Bruder Ägidius, einer der ersten Gefährten des Franziskus, sagte eines Tages zu Bonaventura: «O wie glücklich seid ihr Gelehrten, ihr wißt so viele Dinge, womit ihr Gott loben könnt! Aber was sollen wir arme Unwissende tun?» Bonaventura antwortete: «Die Gnade, Gott lieben zu können, genügt.» – «Aber, mein Vater», erwiderte Bruder Ägidius, «kann denn ein Unwissender Gott ebenso lieben wie ein Gebildeter?» – «Er kann es», sagte Bonaventura, «ja ich sage dir, daß eine arme, einfältige Frau Gott ebensosehr lieben kann wie ein Gottesgelehrter.» Da rief Bruder Ägidius aus: «Du arme einfältige Frau, so liebe doch deinen Heiland, und du kannst so viel sein wie Bruder Bonaventura!» Und darüber blieb er drei Stunden lang in Verzückung (Chron. Fratr. M. 7,14).

Der Wille wird zwar des Guten nur durch Vermittlung des Verstandes gewahr, hat er es aber einmal wahrgenommen, bedarf er seiner nicht mehr, um zu lieben. Vielmehr hat die Freude, die er im Einssein mit dem Gegenstand seiner Liebe findet oder finden will, die Kraft, ihn mächtig zu seiner Liebe und zum Verlangen nach seinem Besitz hinzuziehen. Die Erkenntnis des Guten *bringt also die Liebe hervor, bestimmt aber nicht ihr Maß.* So sehen wir ja auch, wie der Zorn losbricht, wenn man eine Beleidigung erfährt; wenn er aber nicht sofort erstickt wird, wird er fast immer heftiger, als der Gegenstand es erfordert. Die Leidenschaften folgen eben nicht der Erkenntnis, die sie wachgerufen hat, sondern lassen sie sehr oft hinter sich und stürmen maß- und schrankenlos auf ihren Gegenstand zu.

Dies aber geschieht in noch viel stärkerem Maße bei der Liebe; denn der Wille gibt sich ihr hin, nicht infolge einer natürlichen Erkenntnis, sondern infolge des Glaubenslichtes. Diese aber zeigt uns die Unendlichkeit der Vollkommenheiten in Gott und gibt uns daher Ursache genug, ihn aus all unseren Kräften zu lieben. Wir wühlen in der Erde, um Gold und Silber zu finden, und arbeiten mit viel Mühe jetzt schon um ein Gut, das wir erst später zu erlangen hoffen. Ein ungewisses Wissen treibt uns so zu einer gegenwärtigen und wirklichen Arbeit an. In dem Maße aber, als sich etwas von der Goldader zeigt, suchen wir immer angestrengter und leidenschaftlicher. Eine ganz geringe Witterung bringt die Meute in Bewegung. So erregt uns eine dunkle, von Gewölk umgebene Erkenntnis, wie es die unseres Glaubens ist, mächtig zur Liebe der Güte, die sie uns wahrnehmen läßt. Wie wahr ist doch, was Augustinus sagt: «Die Unwissenden reißen die Himmel an sich, während viele Gelehrte sich in die Hölle stürzen» (Bek. 8,8).

Was meinst du, Theotimus, wer liebt das Licht mehr, der Blindgeborene, der alles weiß, was die Philosophen darüber geschrieben haben, oder der Bauer, der mit klaren Augen den wohltuenden Glanz der aufgehenden Sonne sieht und empfindet? Der Blinde weiß wohl mehr von ihr, der Bauer hat aber mehr Freude daran. Und diese Freude bringt eine viel lebendigere und innigere Liebe hervor als ein Wissen, das nur durch Gedanken zustande gekommen ist; denn die Erfahrung eines Gutes macht es uns weit liebenswerter als alles Wissen, das wir darüber haben können. Durch das Wissen, das uns der Glaube von der Güte Gottes gibt, fangen wir an, ihn zu lieben. Die Liebe bewirkt, daß wir uns in Gottes Güte versenken und uns an ihr erfreuen; so schärft die Liebe unsere Freude daran, und diese Freude verklärt dann wieder die Liebe.

Unter der Wucht des Sturmes drängen sich die Wogen und türmen sich immer höher, da eine die andere vorwärts treibt; so erhöht auch die Freude am Guten die Liebe, und die Liebe erhöht die Freude daran. Die göttliche Weisheit sagt ja: «Wer mich genießt, den hungert noch, und wer mich trinkt, den dürstet noch» (Sir 29,21). Wer hat Gott mehr geliebt: Occam, den einige den scharfsinnigsten der Sterblichen nannten, oder die einfache Frau, die Katharina von Genua war? Jener kannte ihn tiefer aus seinem Wissen, diese aber durch ihre Erfahrung; und diese Erfahrung führte sie so tief in die seraphische Liebe hinein, während jener bei all seinem Wissen von dieser erhabenen Vollkommenheit weit entfernt blieb.

«Wir haben schon eine große Liebe zu den Wissenschaften, noch ehe wir sie uns angeeignet haben», sagt der göttliche Thomas, «schon allein durch die unklare und allgemeine Idee, die wir von ihnen haben.» Ebenso müssen wir sagen, daß das Wissen um die göttliche Güte unseren Willen zur Liebe geneigt macht. Ist aber einmal der Wille in Tätigkeit gesetzt, dann wächst seine Liebe von selbst durch die Freude, die er daran findet, sich mit diesem höchsten Gut zu vereinigen. Ehe die kleinen Kinder Honig und Zukker geschmeckt haben, hat man Mühe, sie dazu zu bringen, sie in den Mund zu nehmen. Doch sobald sie die Süßigkeit schmecken, lieben sie diese mehr, als uns lieb ist; sie möchten am liebsten immer davon haben.

Dennoch muß man zugeben, daß *der Wille*, angelockt durch die Freude, die er an dem empfindet, was er liebt, *noch weit stärker dazu angetrieben wird*, sich mit ihm zu vereinigen, *wenn ihm der Verstand seinerseits seinen Wert vor Augen hält.* Denn dann wird er gleichzeitig hingezogen und hingedrängt: gedrängt durch die Erkenntnis und gezogen durch die Freude. Das Wissen ist ja an sich der Achtsamkeit nicht entgegengesetzt, sondern im Gegenteil dieser sehr nützlich. Wenn sie miteinander verbunden sind, können sie sich gegenseitig wunderbar unterstützen. Leider geschieht es aber infolge unserer Armseligkeit oft, daß Wissen das Entstehen der Achtsamkeit verhindert «*Wissen bläht auf*» (1 Kor 8,1) und macht stolz; der Stolz aber ist jeder Achtsamkeit entgegengesetzt, vielmehr noch: ihr vollständiger Ruin. Sicherlich hat das hervorragende Wissen eines Cyprian, eines Augustinus, Hilarius, Chrysostomus, Basilius, Gregorius, Bonaventura, Thomas ihre Frömmigkeit nicht nur sehr erleuchtet, sondern auch vertieft, wie anderseits ihre Frömmigkeit ihr Wissen nicht nur erhöht, sondern auch außerordentlich vervollkommnet hat.

* * *

Die Betrachtung erwägt im einzelnen die Dinge, die geeignet sind, uns zu bewegen. *Die Beschauung hingegen umfaßt mit einem einfachen Blick den Gegenstand, den sie liebt.* Dieses Erwägen ruft daher auch eine lebhaftere und stärkere Liebesregung hervor.

Man kann sich die Schönheit einer reich verzierten Krone auf zweierlei Weise ansehen: Entweder man sieht nacheinander allen Zierat und die Edelsteine an, aus denen sie zusammengesetzt ist, oder man nimmt nach der Betrachtung der verschiedenen Einzeldinge den gesamten Glanz aller Einzelheiten in einem einzigen, einfachen Blick in sich auf. Die erste Art gleicht der Betrachtung, in der wir zum Beispiel die Wirkungen der göttlichen Barmherzigkeit erwägen, um uns zur Liebe Gottes zu entflammen. Die zweite Art aber ist der Beschauung ähnlich, in welcher wir mit einem einzigen festen Geistesblick die ganze Vielfalt dieser Wirkungen als eine aus all diesen Einzelheiten hervorgehende Schönheit schauen, die einen einzigen herrlichen Glanz ausstrahlt. Wenn wir betrachten, zählen wir gleichsam alle göttlichen Vollkommenheiten, die wir in einem Geheimnis wahrnehmen; im beschaulichen Gebet aber ziehen wir daraus die Gesamtsumme.

Die Gefährtinnen der Sulamith (Hld 5,9–16) hatten sie befragt, wer ihr Vielgeliebter sei. Sie antwortete ihnen, indem sie in wundervoller Schilderung alle Einzelheiten seiner vollendeten Schönheit beschreibt: «Seine Haut ist weiß und rötlich, sein Haupt ist golden, seine Haare gleichen noch geschlossenen Blütenknopsen von Palmen, seine Augen sind Taubenaugen, seine Wangen sind Balsambeete, seine Lippen blühende Lilien, von allen Wohlgerüchen durchduftet, seine Hände sind wie aus Gold gedreht, gefüllt mit Hyazinthen; er steht wie auf Säulen von Marmor.» So betrachtet sie diese erhabene Schönheit im einzelnen, bis sie endlich ihre Betrachtung als Beschauung beschließt und alle Schönheit in den Worten zusammenfaßt: «Voll von Süßigkeit ist sein Mund. Alles an ihm ist liebenswert. So ist mein Vielgeliebter, so ist mein Freund.»

Bei der Betrachtung verfährt man ähnlich wie jemand, der nacheinander und einzeln den Duft der Nelke, der Rose, des Rosmarins, des Thymians, des Jasmin und der Orangenblüte einatmet; bei der Beschauung aber gleicht man solchen, die den Duft des Parfüms in sich aufnehmen, das aus all diesen Blumen bereitet wird. So atmen sie in einem vereint alle Düfte ein, die der andere getrennt und gesondert wahrgenommen hat. Zweifellos ist dieser eine, aus der Vermengung aller Wohlgerüche herrührende Duft angenehmer und köstlicher als die einzelnen Düfte hintereinander eingeatmet, aus denen er zusammengesetzt ist.

Darum liegt dem göttlichen Bräutigam so viel daran, daß seine Geliebte ihn mit einem einzigen Blick betrachte und daß ihre Haare so kunstvoll geflochten seien, als wären sie nur ein Haar (Hld 4,9). Denn was anderes will es wohl heißen, den Bräutigam mit einem einzigen Blick anzuschauen, als ihn in einer einfachen, aufmerksamen Schau zu betrachten, statt viele Blicke auf ihn zu werfen? Und was heißt, die Haare geflochten tragen anderes, als seine Gedanken nicht in einer Vielfalt von Erwägungen auseinanderzubreiten?

O wie glücklich sind jene, die nach Erwägung der vielen

Beweggründe, die sie haben, Gott zu lieben, *alle ihre Blicke in einem Blick vereinigen* und alle ihre Gedanken in einer Schlußfolgerung zusammenfassen! Wie glücklich sind jene, die ihren Geist *in der Einheit der Beschauung verweilen lassen*, nach dem Beispiel des Augustinus (Bek. 10,27) oder des Brunos, die in dauernder Bewunderung tief im Grunde ihrer Seele voll Liebe ausriefen: «O Güte, Güte! O alte und immer neue Güte!» Oder nach dem Beispiel des großen Franziskus, der im Gebet, auf den Knien liegend, eine ganze Nacht damit verbrachte, voll Inbrunst die Worte zu wiederholen: «O Gott, du bist mein Gott und mein alles!», wie der selige Bruder Bernhard von Quintavalle berichtet, der es selbst mit eigenen Ohren vernommen hat (Chron. Fr. M. 1,8).

Denk, Theotimus, auch an Bernhard von Clairvaux (Serm. 43 in Cant.). Nachdem er das ganze Leiden Christi in allen Einzelheiten betrachtet hatte, wand er aus dessen wichtigsten Begebenheiten einen Strauß liebend-schmerlicher Empfindungen, den er auf sein Herz legte und, seine Betrachtung in Beschauung verwandelnd, ausrief: «Einem Myrrhenbüschlein gleicht mein Geliebter» (Hld 1,12).

Sieh mit noch tieferer Andacht den Schöpfer die Welt, wie er *bei der Schöpfung die Güte seiner Werke zuerst einzeln* und gesondert in der Reihenfolge, wie er sie schuf, *betrachtete*. «Er sah», sagt die Heilige Schrift, «daß das Licht gut war», daß Himmel und Erde gut waren; dann, daß die Kräuter und Pflanzen, die Sonne, der Mond und die Sterne, die Tiere und überhaupt alle Geschöpfe, so wie er sie nacheinander schuf, gut waren. *Als endlich das Weltall vollendet war, ging sozusagen die göttliche Betrachtung in Beschauung über.* Indem er *mit einem Blick* die ganze Vollkommenheit schaute, die in seinem Werk war, «sah er alles, was er gemacht hatte, *und alles war sehr gut*»

(Gen 1,31). Die einzelnen Teile, gesondert nach Art der Betrachtung angesehen, waren gut; doch alle zusammen, nach Art der Beschauung mit einem einzigen Blick überschaut, wurden als sehr gut befunden. Es ist so, wie wenn mehrere Bäche sich vereinigen und einen Fluß bilden, der größere Lasten zu tragen vermag als die Menge der gleichen Bäche, solange sie getrennt sind.

Nachdem wir durch die vielen Erwägungen, aus denen die Betrachtung besteht, eine große Anzahl verschiedenartiger frommer Liebesregungen hervorgebracht haben, fassen wir zum Schluß die Kraft all dieser Liebesregungen zusammen: Aus dem Ineinanderströmen und der Verbindung ihrer Kräfte entsteht etwas, was tätiger und mächtiger ist als alles, woraus es hervorgegangen ist, da es die Kraft und Eigenart alles anderen in sich schließt. Man nennt dies «*beschauliche Liebesregung*»: Kontemplation.

Unter den Theologen ist man der Ansicht, daß die Engel, die zu einem höheren Grad der Glorie erhoben sind, eine viel einfachere Erkenntnis Gottes und der Geschöpfe besitzen als die geringeren Grades und daß die Vorstellungen oder Ideen, durch die sie erkennen, umfassender sind als die der anderen. Während weniger vollkommene Engel die Dinge durch eine Mehrzahl von Vorstellungen und eine größere Zahl verschiedener Blicke schauen, sehen die vollkommeneren Engel alles in einer geringeren Zahl von Gedankenbildern und Akten der Anschauung.

Der große Augustinus (De Trin. 15,16) und nach ihm der göttliche Thomas (Ia, qu. 12, art 10) sagen, daß wir *im Himmel* nicht mehr diese große Unbeständigkeit, dieses häufige Ändern unserer Ansicht, diese große Verschiedenheit und Wandelbarkeit unserer Gedanken und Erwägungen, dieses Kommen und Gehen von einem Gegenstand zum anderen, von dieser Sache zu jener haben werden, sondern daß wir dann *mit einem Gedanken viele verschiedene Dinge* werden erfassen und erkennen können.

Je weiter das Wasser sich von seinem Ursprung entfernt, desto mehr verteilt es sich und zerfließt in mehrere Rinnsale, wenn es nicht mit großer Sorgfalt in einem Flußbett zusammengehalten wird. – Alle Vollkommenheiten kommen von Gott. Je mehr sie sich vom Gott, ihrem Ursprung, entfernen, desto mehr teilen und verzetteln sie sich. *Wenn sie sich aber Gott nähern, dann vereinigen sie sich wieder*, bis sie ihren Grund finden in jener höchsten und einzigen Vollkommenheit, die das «eine Notwendige» und «der beste Teil» ist, den «Maria erwählt hat und der ihr nicht genommen werden soll» (Lk 10,42).

* * *

Es gibt drei verschiedene Arten des Schauens im beschaulichen Gebet: *Zuweilen schauen wir nur auf eine Vollkommenheit Gottes*, z. B. auf seine unendliche Güte, ohne an seine übrigen Vollkommenheiten und Attribute zu denken – dem Bräutigam ähnlich, der seinen Blick einfach nur auf der schönen Gesichtsfarbe seiner Braut ruhen läßt, dabei wohl ihr ganzes Antlitz ansieht, da ja die Gesichtsfarbe beinahe über alle einzelnen Teile desselben ausgebreitet ist, aber ihren Gesichtszügen, ihrer Anmut und allem anderen, was ihre Schönheit ausmacht, keine Aufmerksamkeit schenkt. Ebenso kommt es vor, daß unser Geist, wenn er die erhabene Güte der Gottheit betrachtet, wohl auch in ihr die Gerechtigkeit, die Weisheit, die Macht sieht, aber dennoch seine ganze Aufmerksamkeit nur der Güte zuwendet, auf die der einfache Blick der Beschauung gerichtet ist.

Zuweilen wieder schauen wir aufmerksam auf mehrere

der unendlichen Vollkommenheiten, die in Gott sind, aber mit einem einfachen, unterschiedslosen Blick. Es ist so, wie wenn jemand mit einem einzigen Blick seine reich geschmückte Braut vom Scheitel bis zur Sohle umfängt und wohl das Gesamtbild aufmerksam wahrnimmt, aber nicht die Einzelheiten. Er kann dann nicht sagen, welches Geschmeide und welches Kleid sie trägt, noch welche Haltung sie einnimmt und welchen Blick sie wirft, sondern einfach nur, daß alles an ihr schön und ansprechend ist. So überschaut man zuweilen mit einem einzigen Blick verschiedene Erhabenheiten und Vollkommenheiten Gottes zusammen; man wäre aber nicht imstande, darüber im einzelnen etwas auszusagen, sondern wüßte nur das eine, daß alles vollkommen und schön ist.

Andere Male schauen wir weder auf mehrere noch auf eine einzige der göttlichen Vollkommenheiten, sondern *bloß auf irgendeine göttliche Tat, ein göttliches Werk,* dem wir unsere Aufmerksamkeit zuwenden. So z.B. blicken wir auf den Akt der Barmherzigkeit, durch den Gott die Sünden vergibt, oder auf den Akt der Schöpfung, oder auf die Auferweckung des Lazarus, oder auf die Bekehrung des Paulus. Wir gleichen da einem Bräutigam, der nicht die Augen, sondern nur die Lieblichkeit des Blickes sieht, den seine Braut auf ihn richtet, der nicht den Mund betrachtet, sondern die Anmut der Worte, die der Mund hervorbringt.

Dann aber, Theotimus, schwingt sich die Seele in Liebe nicht nur zur Tat auf, die sie erwägt, sondern auch zu dem, der sie vollbracht hat: «Du bist gütig und freundlich, lehre mich deine Weisungen» (Ps 119,68). «Dein Mund ist süß wie das Wort, das daraus hervorgeht, «und alles an dir ist lieblich» (Hld 5,16). «Dein Wort ist meinem Munde süßer als Honig» (Ps 119,103). Oder auch mit Thomas: «Mein Herr und mein Gott» (Joh 20,28) und mit Maria Magdalena: «Rabboni! Mein Meister!» (Joh 20,16). Aber woher die Beschauung auch immer ihren Anfang nimmt, stets zeichnet sie sich dadurch aus, daß sie *mit Freuden* geschieht. Sie setzt ja voraus, daß man Gott und seine heilige Liebe gefunden hat, daß man sich an diesem Besitz erfreut und glücklich darüber spricht: «Ich habe den gefunden, den meine Seele liebt; ich habe ihn gefunden und lasse ihn nicht!» (Hld 3,4). *Darin unterscheidet sich die Beschauung von der Betrachtung*, die fast immer *Mühe, Anstrengung und Überlegung* erfordert, weil unsere Seele dabei von einer Erwägung zur anderen übergeht und an verschiedenen Orten den Geliebten ihrer Liebe oder die Liebe ihres Geliebten sucht.

In der Betrachtung arbeitet Jakob, um Rahel zu erlangen; aber im beschaulichen Gebet freut er sich mit ihr und vergißt seine Mühe (Gen 29,18). Der als Hirte dargestellte göttliche Bräutigam bereitet seiner heiligen Braut ein üppiges Mahl nach ländlicher Sitte. Er beschreibt es so, daß es mystischerweise alle Geheimnisse der menschlichen Erlösung darstellt: «In meinen Garten bin ich gekommen», sagt er, «meine Myrrhe pflückte ich samt meinem Balsam, meine Wabe kostete ich samt meinem Honig, meinen Wein schlürfte ich samt meiner Milch. Eßt, ihr Freunde, trinkt! Berauscht euch, ihr Lieben!» (Hld 5,1).

Wann, Theotimus, wann war es, ich bitte dich, daß der Herr in seinen Garten kam, wenn nicht damals, als er in den reinen, demütigen, liebreichen Leib seiner Mutter einzog. Wann wohl pflückte der Herr duftende Myrrhe, als da er Leiden auf Leiden häufte, ja bis zum Tod, bis zum Tod am Kreuz (Phil 2,8), um seine geistlichen Kinder zu bereichern? Wann verkostete er seine Wabe, wenn nicht, als er, zu neuem Leben erstehend, seine Seele, süßer als Honig, mit seinem durchbohrten Leibe wieder vereinigte? Und als er in den Himmel auffuhr und Besitz nahm von seiner göttlichen

Glorie und allem, was damit verbunden war, da mischte er den Freude bereitenden Wein wesenhafter Glorie seiner Seele mit der erquickenden Milch vollkommener Glückseligkeit in so erhabener Weise wie noch niemals zuvor.

In diesen göttlichen Geheimnissen, in denen alle anderen einbegriffen sind, gibt es für alle lieben Freunde reichlich zu essen und zu trinken und seine engsten Freunde können sich daran berauschen. Die einen essen und trinken, aber sie essen mehr, als sie trinken, und sie berauschen sich nicht. Die anderen essen und trinken, aber sie trinken viel mehr, als sie essen; das sind die, die sich berauschen. Essen bedeutet hier betrachten; man kann dieses ja mit dem Kauen vergleichen; denn man wendet die geistige Nahrung sozusagen zwischen den Zähnen der Erwägung hin und her, um sie zu zerteilen, zu zerreißen und zu verdauen, was einige Mühe erfordert. *Mit dem Trinken kann man die Beschauung vergleichen*, denn diese geschieht ohne Mühe und Widerstand, mit Freuden und Leichtigkeit. *Sich berauschen* aber heißt, sich so oft und mit so viel Innigkeit dem beschauenden Gebet hinzugeben, daß man sich selbst ganz entrückt ist, um ganz in Gott zu sein.

Heilige Trunkenheit! Im Gegensatz zur leiblichen beraubt sie uns nicht der geistigen Sinne, wohl aber der körperlichen; sie verdummt und vertiert uns nicht, sondern macht uns den Engeln gleich und vergöttlicht uns gewissermaßen. Sie entrückt uns uns selbst, aber nicht, um uns herabzuwürdigen und Tieren gleichzustellen wie irdische Trunkenheit, sondern um uns über uns selbst hinauszuheben und uns unter die Engel einzureihen. Wie diese leben wir dann mehr in Gott als in uns selbst, und von der Liebe gedrängt, sind wir dann ganz darauf bedacht und vollauf damit beschäftigt, seine Schönheit zu schauen und uns mit seiner Güte zu vereinigen.

Um zum beschaulichen Gebet zu gelangen, müssen wir für gewöhnlich *das Wort Gottes hören*, mit anderen nach der Art der alten Einsiedler *geistliche Gespräche* pflegen, *fromme Bücher lesen, beten*, betrachten, geistliche Lieder singen, gute Gedanken hegen. Die Beschauung ist Ziel und Ende all dieser Übungen, die alle darauf hinzielen. Daher werden auch solche, die diese Übungen pflegen, Beschauliche oder Kontemplative genannt und ihre Lebensweise heißt man *beschauliches Leben*. Der Grund für diese Bezeichnung ist jene Tätigkeit unseres Erkenntnisvermögens, durch die wir die Wahrheit der göttlichen Schönheit und Güte mit liebender Achtsamkeit schauen, die die Liebe entweder in uns erweckt, so daß wir sie schauen, oder die aus der Liebe hervorgeht und wieder die Liebe mehrt, die wir für die unendliche Güte und Schönheit des Herrn hegen.

Über die Sammlung der Seele

Ich spreche hier, Theotimus, nicht von der Sammlung, durch die wir uns beim Gebet in die Gegenwart Gottes versetzen, indem wir in uns selbst einkehren und unsere Seele sozusagen in unser Herz zurückziehen, um mit Gott zu sprechen. Denn so sammeln wir uns auf Befehl der Liebe, die uns zum innerlichen Gebet antreibt und uns dieses Mittel ergreifen läßt, damit wir es gut verrichten. Wir selbst sind es also, die dieses Zurückziehen unseres Geistes vornehmen. Aber *die Sammlung*, von der ich hier sprechen will, *geschieht nicht auf Befehl der Liebe, sondern durch die Liebe selbst*. Das heißt, wir nehmen sie nicht selbst nach eigener Wahl vor. Ja, es liegt nicht einmal in unserer Macht, sie zu haben, wenn wir wollen. Sie hängt nicht von unserer

Bemühung ab, sondern *Gott bewirkt sie in uns durch seine heilige Gnade*, wenn es ihm gefällt. Jener, sagt Theresia von Avila, verstand es wohl richtig, der geschrieben hat, daß das Gebet der Sammlung so vor sich geht, wie wenn ein Igel oder eine Schildkröte sich in ihr Inneres zurückzieht. Es besteht aber ein Unterschied: Diese Tiere können sich zurückziehen, wann sie wollen, die Sammlung aber hängt nicht von unserem Willen ab, sondern *kommt über uns, wann es Gott gefällt*, uns diese Gnade zu schenken.

Es geschieht dies auf folgende Weise: Nichts ist dem Guten so natürlich, als die Dinge, die es wahrnehmen kann, an sich zu ziehen und sie mit sich zu vereinigen. So macht es auch unsere Seele, die immer ihrem Schatz, d.h. dem zustrebt, was sie liebt, und sich ihm hingibt. So geschieht es zuweilen, daß der Herr unbemerkt eine gewisse *Seligkeit im Grunde des Herzens* verbreitet, die seine Gegenwart anzeigt. Daraufhin kehren sich die Seelenkräfte, ja sogar die äußeren Sinne, durch eine Art geheimes Einverständnis diesem Innersten der Seele zu, wo der überaus liebenswürdige Bräutigam weilt.

Ein Bienenschwarm, der ausschwärmt, läßt sich durch den sanften Klang metallener Becken oder durch den Geruch von Honigwein oder auch durch die Düfte wohlriechender Kräuter zurückrufen; er hält, angelockt durch den lieblichen Klang oder den süßen Duft, in seinem Flug inne und zieht in den Bienenstock ein, den man ihm bereitet hat. So spricht auch der Herr zuweilen ein heimliches Wort seiner Liebe, oder er läßt den Duft des Weines seiner Liebe verströmen, der köstlicher ist als Honig, oder er erfüllt die Luft mit dem Wohlgeruch seines Gewandes (Hld 4,11), d.h., er träufelt himmlische Freude in unsere Herzen und *läßt uns* dadurch *seine überaus liebenswürdige Gegenwart fühlen*. So *zieht* er dann *alle Fähigkeiten unserer Seele an sich*, die sich alle um ihn scharen und in ihm als dem Gegenstand ihrer Sehnsucht verweilen.

Legt jemand einen Magnet zwischen mehrere Nadeln, so sieht er, daß sie plötzlich alle ihre Spitzen ihm zuwenden und sich an ihn hängen. So ist es auch, wenn der Herr in unserer Seele seine beseligende, erfreuende Gegenwart fühlbar macht; es kehren dann alle unsere Fähigkeiten ihre Spitzen nach dieser Richtung hin, um sich mit dieser unvergleichlichen Güte zu vereinigen. «O Gott», spricht da die Seele mit Augustinus (Bek. 10,27), «wo irrte ich umher, dich unendliche Schönheit zu suchen! Ich suchte dich draußen, du aber warst mitten in meinem Herzen.»

Alle Liebe *Magdalenas* und all ihr Denken kreiste um das Grab ihres Erlösers; ihn suchte sie; und obwohl sie ihn gefunden hatte und er mit ihr sprach, schweiften ihre Gedanken doch noch umher, weil sie seine Gegenwart nicht wahrnahm. Kaum aber hat er sie bei ihrem Namen gerufen, da rafft sie sich zusammen und umfängt seine Füße. Ein einziges Wort genügt, um sie aus der Zerstreuung zu sich selbst zu rufen (Joh 20,11–16).

Stell dir, Theotimus, Maria in dem Augenblick vor, *als sie Jesus, den Sohn Gottes*, ihre einzige Liebe, *empfangen hatte*. Alles in ihrer Seele sammelte sich zweifellos um das Kind, und da es in ihrem Schoße lag, zogen sich alle Fähigkeiten ihrer Seele in ihr Inneres zurück, so wie die Bienen in den Bienenstock, in dem sie ihren Honig aufbewahren. Und in dem Maße, als sich die Größe Gottes in ihrem Schoße sozusagen eingeengt und verkleinert hatte, weitete sich ihre Seele und erhob sich zum Lobpreis seiner unendlichen Güte. Und ihr Geist frohlockte (Lk 1,46.47) vor Freude in ihrem Leibe (wie Johannes im Schoße seiner Mutter) bei ihrem Gott, den sie fühlte. Sie ließ ihre Gedanken und Gefühle nicht nach außen schweifen, da ihr Schatz, ihre Liebe, in ihrem Inneren war …

Aber diese innige Sammlung unserer Seele in sich selbst wird nicht nur durch das Empfinden der göttlichen Gegenwart in unserem Herzen bewirkt, sondern jedesmal *wenn wir uns, auf welche Art immer, in seine Gegenwart versetzen.*

Zuweilen geschieht es, daß unsere inneren Kräfte sich in sich selbst zurückziehen bei Erwägung der Majestät dessen, der uns gegenwärtig ist und uns ansieht. So kehren wir ja auch, wenn wir noch so zerstreut sind, zu uns selbst zurück, wenn irgend ein Fürst erscheint, und nehmen unsere Gedanken zusammen, um die richtige Haltung und Ehrfurcht zu bewahren. Man sagt, daß sich die Blüten der Schwertlilie beim Anblick der Sonne schließen; sobald die Sonne aber scheint, falten sich die Blütenblätter und schließen sich; ist die Sonne aber untergegangen, entfalten sie sich wieder und bleiben die ganze Nacht geöffnet.

Das Gleiche geschieht bei der Art von Sammlung, von der wir hier reden. Wenn wir auch gar nicht daran denken, daß Gott in besonderer Weise in uns gegenwärtig ist, sondern uns nur die Tatsache der Gegenwart Gottes bewegt, oder das Empfinden, daß er uns ansieht, so sammeln sich doch unsere Kräfte vor der göttlichen Majestät.

Ich weiß von einer Seele, die sich bei der Erwähnung eines Glaubensgeheimnisses oder eines Wortes, das sie nachdrücklicher als sonst an die Gegenwart Gottes erinnerte, sofort in sich selbst zurückzog, so stark, daß sie Mühe hatte, aus sich herauszugehen, um reden und antworten zu können. Und so tief war die Benommenheit, daß sie äußerlich wie leblos und in all ihren Sinnen betäubt zu sein schien, bis ihr Bräutigam ihr erlaubte, aus diesem Zustand herauszutreten, was manchmal ziemlich bald und manchmal erst nach längerer Zeit geschah.

Ist die Seele so in ihrem Inneren in Gott oder vor Gott gesammelt, so nimmt sie zuweilen so still und so ruhig die Güte ihres Geliebten wahr, daß ihr scheint, *als wäre ihr Achten fast kein Achten, so einfach und zart geht es vor sich.* So gibt es ja auch Flüsse, die einen dermaßen sanften, gleichmäßigen Lauf haben, daß es denen, die sie anschauen oder darauf fahren, vorkommt, als sähen oder fühlten sie keinerlei Bewegung, weil man nirgends einen Wellengang noch ein Fließen wahrnimmt. Diese liebenswerte Ruhe der Seele nennt Theresia von Avila «*Gebet der Ruhe*», was sich kaum von dem unterscheidet, was sie «*Schlaf der Seelenkräfte*» nennt, wenn ich sie richtig verstehe (Seelenburg, 4. Wohn., 3. Kap.).

Liebende begnügen sich zuweilen damit, bei oder unter den Augen der Person zu sein, die sie lieben, wenn sie auch nicht mit ihr, noch über sie oder ihre Vorzüge reden. Sie sind, wie es scheint, *zufrieden und froh, diese geliebte Gegenwart auszukosten*; und das nicht, weil sie darüber irgendeine Erwägung anstellen, sondern weil ihr Gemüt Ruhe und Frieden darin findet. «Einem Myrrhenbüschlein gleicht mein Geliebter. Es ruht mir am Busen» (Hld 1,12). «Mein Geliebter ist mein, und ich bin sein, Hirte ist er auf Liliengefilden, ehedem der Tag sich kühlt und die Schatten fliehen» (Hld 2,16.17). «Zeige mir doch, o Freund meiner Seele, wo du ruhest, wo du lagerst am Mittag» (Hld 1,6). Siehst du, Theotimus, wie die heilige Sulamith sich damit zufrieden gibt, *zu wissen, daß ihr Geliebter bei ihr ist*, ob er nun an ihrer Brust ruht, in ihrem Garten ist oder sonstwo, wenn sie nur weiß, wo er ist. Deshalb heißt sie auch Sulamith, denn sie ist ganz friedlich, ganz still in ihrer Ruhe.

Diese Ruhe geht manchmal in ihrer Stille so weit, *daß die ganze Seele und all ihre Kräfte gleichsam im Schlaf versun-*

ken sind, ohne irgendeine Bewegung oder Handlung vorzunehmen. Nur der Wille ist ausgenommen, doch auch er tut nichts anderes, als die Freude und Seligkeit in Empfang zu nehmen, die ihm die Gegenwart des Vielgeliebten schenkt. Noch wunderbarer aber ist es, *daß der Wille diese Freude* und Seligkeit, die er empfängt, *gar nicht bemerkt.* Er genießt sie, ohne sie zu fühlen, denn er denkt nicht an sich, sondern nur an den, dessen Gegenwart ihm diese Freude gibt. So geschieht es manchmal, daß wir, von einem leichten Schlummer befallen, nur halb hören, was unsere Freunde um uns herum sprechen, oder daß wir das Liebe, das sie uns sagen oder erweisen, kaum merklich wahrnehmen, ohne zu fühlen, daß wir fühlen.

Die Seele, die in dieser Ruhe dieses zarte Empfinden der Gegenwart Gottes genießt, ist sich also dieses Genusses nicht bewußt; sie bekundet aber trotzdem deutlich, wie kostbar und liebenswert ihr dieses Glück ist, *wenn man es ihr nehmen will* oder wenn irgend etwas sie davon ablenkt. Denn dann bricht die arme Seele in Klagen aus, schreit auf oder weint wie ein kleines Kind, das man aufweckt, ehe es ausgeschlafen hat; durch das Leid, das es beim Anblick empfindet, zeigt es deutlich, wie angenehm ihm der Schlaf war. Deswegen «beschwört der göttliche Hirte die Töchter Jerusalems (Hld 2,7) bei den Gazellen oder Hinden der Flur, sie möchten nicht wecken, nicht stören die Vielgeliebte, bis es ihr selbst gefällt», d. h., bis sie von selbst aufwacht. Nein, Theotimus, die so in Gott ruhende Seele würde um die größten Schätze der Welt diese Ruhe nicht verlassen.

Das war die Ruhe der *Maria Magdalena*, als sie *zu Füßen des Meisters* saß und seinem Wort lauschte (Lk 10,39). Betrachte sie, Theotimus, ich bitte dich. Sie sitzt da in tiefer Stille und sagt kein Wort, weint nicht, schluchzt nicht, seufzt nicht, rührt sich nicht, betet nicht. Martha geht geschäftig in dem kleinen Raum hin und her; Maria denkt nicht daran. Was tut sie denn? Sie tut nichts, sie hört zu. Was heißt das: Sie hört zu? Das heißt, daß sie da ist wie ein Gefäß der Auserwählung, um Tropfen für Tropfen die köstliche Myrrhe in Empfang zu nehmen, die von den Lippen ihres Vielgeliebten in ihr Herz tropft (Hld 5,13). Und der göttlich Liebende, eifersüchtig auf den Liebesschlummer und die Ruhe seiner Vielgeliebten, schilt Martha, die sie aufwecken will: «Martha, Martha, du machst dir Sorge um viele Dinge. Eines aber ist notwendig. Maria hat den besseren Teil erwählt, der ihr nicht genommen werden soll» (Lk 10,40.42). Aber was war denn der Teil oder Anteil Marias? In Frieden, in Ruhe bei Jesus zu verweilen.

Die Maler stellen den Lieblingsjünger *Johannes meistens beim letzten Abendmahl an der Brust seines Meisters dar*, nicht nur ruhend, sondern schlafend. Er saß ja nach der Art der Orientalen so, daß sein Haupt an der Brust seines Meisters lehnte. Es ist nun ganz unwahrscheinlich, daß sein Schlafen ein körperliches war – aber ich zweifle nicht, daß er, so nahe am Herzen der ewigen Liebe, in einen tiefen, mystischen, glückseligen Schlaf sank, wie ein Kind der Liebe, das an der Brust seiner Mutter trinkend schläft und schlafend trinkt.

Gott, welche Seligkeit für diesen Benjamin, dieses Kind der Freude des Erlösers, so in den Armen seines Vaters zu schlafen, der ihn als seinen «Benoni», als Kind des Schmerzes (Gen 35,18), am Tage darauf dem liebevollen Herzen seiner Mutter empfehlen wird! Nichts ist für ein kleines Kind, ob es nun wacht oder schläft, wünschenswerter als die Brust seines Vaters und der Schoß seiner Mutter. Wenn du daher in diesem einfachen, reinen, kindlichen Vertrauen bei unserem Herrn bist, so *verweile da*, mein lieber Theotimus, *und rühre dich nicht*. Denn diese einfache Liebe des

Vertrauens und dieses liebevolle Schlafen deines Geistes in den Armen deines Erlösers schließt überragenderweise alles in sich, wonach immer dich gelüsten mag. Es ist besser, an dieser Brust zu schlafen, als irgendwo anders, wo immer es auch sei, zu wachen.

Vom Schweigen vor Gott

Hast du noch nie bemerkt, Theotimus, wie heftig kleine Kinder sich zuweilen an die Brust ihrer Mutter schmiegen, wenn sie hungrig sind? Da sieht man sie ihre Mutter drükken und pressen und die Milch so gierig trinken, daß sie ihrer Mutter dabei sogar wehtun. Hat aber einmal die frische Milch ihren Heißhunger etwas gestillt und hat der wohlige Duft, der von der Milch zu ihrem Gehirn aufsteigt, sie einzuschläfern begonnen, so wirst du sehen, Theotimus, wie sie ihre Augen schließen und allmählich zu schlummern beginnen, ohne deswegen jedoch die Mutterbrust zu lassen. Ganz langsam, kaum wahrnehmbar, bewegen sie noch ihre Lippen und trinken weiter, ohne es zu bemerken. Sie achten zwar nicht darauf, aber sie tun es trotzdem, nicht ohne Lustgefühle dabei zu haben. Denn wenn man ihnen die Brust entzieht, ehe sie in tiefen Schlaf gesunken sind, so wachen sie auf und weinen bitterlich. Der Schmerz, den ihnen der Entzug verursacht, zeigt, wieviel Freude sie am Besitz empfunden haben. So ergeht es auch der Seele, die *in Ruhe und Schweigen vor Gott ist*; denn sie nimmt fast unbewußt die Freude an dieser Gegenwart in sich auf, ohne zu denken, ohne zu handeln, ohne irgendetwas mit irgendeiner ihrer Fähigkeiten zu tun, außer allein mit der Spitze ihres Willens. Diese bewegt sie sanft und fast unwahrnehmbar, ähnlich wie das Kind seinen Mund; und dadurch dringen Freude und Befriedigung am Genuß der göttlichen Gegenwart in ihre Seele ein, ohne daß sie es fühlt. Stört man dieses arme Püppchen und will man ihm sein Spielzeug nehmen, da es zu schlafen scheint, so zeigt es sich, daß es wohl für alle übrigen Dinge schläft, aber nicht für dieses; denn es empfindet die Trennung als Übel und ist darüber unwillig; so zeigt es, welche Freude es am Besitz hatte, auch wenn es nicht daran dachte. Da Theresia von Avila (Weg der Vollk. 32) diesen Vergleich für passend gefunden hat, wollte ich ihn auch hier anführen.

Aber sage mir, Theotimus, warum sollte sich die in ihrem Gott gesammelte Seele beunruhigen? Hat sie nicht allen Grund, ganz still zu sein? Was sollte sie auch suchen? Sie hat den gefunden, den sie suchte. Was bleibt ihr übrig, als zu sagen: «*Ich habe den gefunden, den meine Seele liebt, ich halte ihn fest und werde ihn nicht lassen*» (Hld 3,4). Sie braucht nicht mehr hin und her zu denken und zu erwägen, denn sie sieht ihren Bräutigam in so beglückender Schau gegenwärtig, daß jede Erwägung unnütz und überflüssig wäre. Sieht sie ihn auch nicht mit ihrem Verstand, so kümmert sie das nicht. Sie ist damit zufrieden, ihn durch die Freude und Seligkeit, die der Wille von ihm empfängt, ganz nahe bei sich zu fühlen.

Die Seele bedarf in dieser Ruhe nicht des Gedächtnisses; ihr Vielgeliebter ist ihr ja gegenwärtig. Sie bedarf auch *nicht der Einbildungskraft*. Wozu sollte sie sich auch den in einem äußeren oder inneren Bilde vorstellen, dessen Gegenwart sie genießt? So ist es schließlich *der Wille allein*, der die beglückende Gegenwart Gottes, wie das Kind die süße Milch, ganz still an sich zieht und in sich aufnimmt, während alles übrige in der Seele durch das holde Glück, das es genießt, mit ihr in Ruhe verbleibt.

Man bedient sich des Honigweins nicht nur, um die Bienen in die Stöcke zurückzulocken, sondern auch, um sie zu beruhigen. Denn wenn unter ihnen ein Aufruhr oder eine Meuterei ausbricht, wenn sie sich gegenseitig umbringen und verletzten, kann der Imker kein besseres Mittel anwenden, als Honigwein unter das kleine, wild gewordene Volk zu spritzen. Sobald die Bienen den süßen, lieblichen Geruch spüren, beruhigen sie sich, und indem sie sich dem Genuß dieser Süße hingeben, bleiben sie weiterhin friedlich und still. O ewiger Gott, wenn du durch deine süße Gegenwart unser Herz mit Wohlgerüchen erfüllst, die erquickender sind als der köstlichste Wein (Hld 4,10) und als Honig, *dann treten alle Kräfte unserer Seele in eine wohltuende Ruhe* und in eine so vollkommene Stille ein, daß kein Empfinden mehr vorhanden ist als das des Willens. Und der Wille, gleichsam ein geistiger Geruchssinn, bleibt damit beschäftigt, die unvergleichliche Seligkeit der Gegenwart seines Gottes zu empfinden, ohne sich dessen bewußt zu sein.

Die Stufen der Ruhe

Es gibt Gemüter, die tätig, fruchtbar und überreich an Erwägungen sind; es gibt andere, weichere, die viel über sich nachgrübeln, sehr darauf aus sind, zu fühlen, was sie tun, alles sehen und zerpflücken wollen, was in ihnen vorgeht, immer wieder auf sich selbst schauen, um zu sehen, ob sie vorwärts kommen. Andere wieder geben sich nicht damit zufrieden, zufrieden zu sein, wenn sie ihre Zufriedenheit nicht fühlen, sehen und empfinden. Sie gleichen Menschen, die durch ihre Kleidung gut gegen die Kälte geschützt sind, aber doch nicht glauben, daß sie es sind, wenn sie nicht wissen, wieviel Kleidungsstücke sie anhaben; oder auch solchen, deren Schränke voll Geld sind, die sich doch nicht für reich halten, wenn sie nicht wissen, wieviel Geld sie besitzen. Diese Menschen sind gewöhnlich, wenn sie sich dem innerlichen Gebet hingeben, Störungen unterworfen. Denn wenn Gott ihnen die Ruhe seiner Gegenwart schenkt, so verlassen sie sie freiwillig, um zu sehen, wie sie sich darin verhalten, und um zu prüfen, ob sie wohl Freude dabei empfinden. Sie grübeln unruhig darüber nach, um zu ergründen, ob ihre Stille wirklich still und ihre Ruhe wirklich ruhig ist. Anstatt ihren Willen in aller Ruhe damit zu beschäftigen, die Freuden an der göttlichen Gegenwart zu empfinden, gebrauchen sie ihren Verstand, um über die Empfindungen nachzudenken, die sie haben. Sie handeln wie eine Braut, die sich damit beschäftigt, den Ring zu betrachten, den sie bei der Trauung erhielt, ohne auf den Bräutigam zu schauen, der ihn ihr gegeben. So ist es *ein großer Unterschied, ob wir uns mit Gott beschäftigen*, der uns Freude verleiht, *oder ob wir uns mit der Freude befassen*, die Gott uns gibt.

Die Seele also, der Gott im Gebet Ruhe schenkt, soll sich, sosehr sie nur kann, *enthalten, sich selbst und ihre Ruhe zu betrachten*; denn um sie zu bewahren, darf man sie nicht neugierig anschauen. Wer sie zu sehr liebt, der verliert sie. Die rechte Weise, sie richtig zu lieben, ist, nicht mit ihr herumzutun. Wenn ein Kind, um zu schauen, wo es seine Füße hat, seinen Kopf von der mütterlichen Brust wegwendet, so kommt es schnell wieder zurück, weil es seine Mutter ganz lieb hat. So sollen auch wir, wenn wir merken, daß wir zerstreut sind, weil wir neugierig wissen wollen, was wir im Gebet tun, unser Herz sofort wieder zur Achtsamkeit auf Gottes Gegenwart zurückrufen, von der wir abgelenkt wurden.

Doch dürfen wir nicht glauben, daß wir Gefahr laufen,

diese heilige Ruhe durch *Handlungen des Körpers oder des Geistes zu verlieren*, es sei denn, wir tun sie aus Leichtsinn oder Zerfahrenheit. Denn Mutter Theresia von Avila nennt es (Weg der Vollk. 31) einen Aberglauben, auf diese Ruhe so eifersüchtig zu sein, daß man nicht husten, sich nicht räuspern, nicht atmen möchte, aus Angst, sie zu verlieren. Gott, der diesen Frieden schenkt, nimmt ihn uns nicht wegen solch notwendiger Verrichtungen, noch auch wegen Zerstreuungen und Abschweifungen des Geistes, wenn dies alles unfreiwillig ist. Und ist der Wille einmal stark von der göttlichen Gegenwart angelockt, so hört er nicht auf, sie zu genießen, auch wenn Verstand und Gedächtnis durchgegangen und fremden, unnützen Gedanken nachgelaufen sind.

Wir haben eine mit Gott aufs innigste verbundene, ihm ganz hingegebene Seele gekannt, deren Verstand und Gedächtnis aber dennoch so frei von jeder inneren Beschäftigung waren, daß sie ganz deutlich hörte, was um sie herum gesprochen wurde, und sich dessen auch erinnerte, obwohl es ihr unmöglich war, darauf zu antworten und sich von Gott loszumachen, mit dem sie durch die Hingabe ihres Willens ganz eins war. So sehr, sage ich, war sie eins mit ihm, daß sie von dieser ihr ungemein lieben Beschäftigung nicht abgezogen werden konnte, ohne einen heftigen Schmerz zu empfinden, der sie sogar auf dem Höhepunkt ihrer Freude und Ruhe Seufzer ausstoßen ließ. So hören wir ja auch kleine Kinder klagen und wimmern, wenn sie nach der Milch verlangen, und sogar noch, wenn sie zu trinken beginnen. So schrie auch Jakob laut auf und weinte vor übergroßer Freude und Liebe, als er die schöne, keusche Rahel küßte (Gen 29,11). Die Seele, von der ich spreche, hatte den Willen allein gebunden, während Verstand, Gedächtnis, Gehör und Einbildungskraft frei waren. Sie glich so dem kleinen Kind, das, während es trinkt, sehen, hören und selbst seine Arme bewegen kann, ohne deswegen die geliebte Brust zu lassen.

Der Friede der Seele wäre aber noch weit tiefer und schöner, würde man um sie herum keinen Lärm machen und hätte sie keine Veranlassung für Regungen des Herzens oder des Leibes. Sie möchte sich ja so gerne ganz der Seligkeit dieser göttlichen Gegenwart hingeben. Da sie es aber nicht immer verhindern kann, in ihren anderen Fähigkeiten abgelenkt zu werden, *bewahrt sie die Ruhe wenigstens im Willen*, jener Fähigkeit, durch die sie den Genuß des Guten empfängt.

Es gibt also *verschiedene Grade der Ruhe*. Denn manchmal breitet sie sich über alle *Kräfte der Seele* aus, die mit dem Willen vereint und verbunden sind. Manchmal herrscht sie *nur im Willen*, in welchem sie zuweilen fühlbar, zuweilen unwahrnehmbar ist. Zuweilen nämlich fühlt die Seele an einer gewissen *innerlichen Freude*, daß Gott ihr gegenwärtig ist, und das macht sie überaus glücklich. Andere Male brennt das Herz vor Freude, in der Gegenwart Gottes zu sein, ohne diese recht zu bemerken, wie bei den Jüngern von Emmaus; sie wurden sich der großen Freude, die sie beim Gehen mit dem Herrn empfanden, erst bewußt, als sie ankamen und ihn beim göttlichen Brotbrechen erkannten (Lk 24,31–35).

Manchmal wird die Seele nicht nur der Gegenwart Gottes gewahr, sondern sie *hört ihn auch reden durch eine innere Klarheit* und Überzeugung, die keiner Worte bedarf. Zuweilen hört sie ihn reden und *spricht auch ihrerseits mit ihm*, aber so heimlich, so leise und still, daß sie dadurch den heiligen Frieden und die heilige Ruhe nicht verliert. Ohne zu erwachen, wacht sie mit ihm (Hld 5,2), d. h., sie wacht und spricht mit ihrem Vielgeliebten von Herz zu Herz in einer so süßen Stille und einer so lieblichen Ruhe, als ob sie sanft schlummerte. Andere Male hört sie den Bräutigam sprechen, *vermag aber nicht mit ihm zu sprechen*; die Freude, ihn zu hören, oder die Ehrfurcht, die sie ihm entgegenbringt, hüllt sie in Schweigen; oder sie ist im Zustand der Trockenheit und seelisch so geschwächt, daß sie nur die Kraft hat, zu hören, aber nicht zu reden. Ähnliches geschieht ja auch oft beim Einschlafen, oder wenn wir durch eine Krankheit sehr geschwächt sind. Endlich kommt es auch vor, daß die Seele ihren Vielgeliebten weder hört noch spricht, noch irgendein Zeichen seiner Gegenwart vernimmt, sondern *einfach nur weiß, daß sie in der Gegenwart ihres Gottes ist*, dem es gefällt, daß sie da ist. Stell dir vor, Theotimus, der Apostel Johannes sei beim letzten Abendmahl an der Brust seines geliebten Herrn in körperlichen Schlaf gesunken und nach dem Wollen seines Herrn eingeschlafen. Sicherlich wäre er in diesem Fall in der Gegenwart seines Meisters gewesen, ohne es in irgendeiner Weise zu fühlen.

Und beachte, ich bitte dich, *daß es mehr Sorgfalt braucht, sich in die Gegenwart Gottes zu begeben, als in ihr zu verweilen*, wenn man sich bereits in sie begeben hat. Denn um mich in die Gegenwart Gottes zu begeben, muß ich meine Gedanken auf diese Gegenwart lenken und auf sie aufmerksam sein. Habe ich mich aber einmal in diese Gegenwart versetzt, so kann ich mich durch verschiedene andere Mittel in ihr halten, während ich entweder mit dem Verstand oder dem Willen etwas in Gott oder für Gott tue. Ich kann z. B. auf ihn schauen oder auf etwas anderes aus Liebe zu ihm; ich kann ihm zuhören oder jenen, die von ihm reden; oder ich kann zu ihm oder zu jemand aus Liebe zu ihm sprechen oder irgendein Werk zu seiner Ehre und in seinem Dienst verrichten. Ja, man bleibt in der Gegenwart

Gottes nicht nur, indem man ihm zuhört, ihn anschaut oder mit ihm spricht, sondern auch, indem man *wartet, ob es ihm gefallen wird, uns anzuschauen*, mit uns zu reden oder uns mit ihm reden zu lassen. Oder auch, indem man nichts von alledem tut, sondern *einfach dort bleibt, wo es ihm gefällt*, daß wir seien, und weil es ihm gefällt, daß wir dort seien. Wenn es Gott gefällt, dieser einfachen Art, vor ihm zu bleiben, ein auch nur schwaches Fühlen hinzufügen, daß wir ganz sein und er ganz unser ist, o Gott, welch wünschenswerte, kostbare Gnade für uns!

Um dies besser verstehen zu können, erlauben wir uns eine phantasievolle Annahme. Wir stellen uns also vor, *eine Statue*, die ein Bildhauer in der Galerie eines großen Fürsten in einer Nische aufgestellt hat, sei *mit Verstand begabt*, man könne mit ihr reden und sie fragen: «Sag mir, schöne Statue, warum stehst du in dieser Nische?» Sie würde wohl antworten: «Weil mein Herr mich hierher gestellt hat.» Und würde man ihr erwidern: «Aber warum bleibst du hier, ohne etwas zu tun?», so würde sie sagen: «Weil mein Herr mich nicht hierhergestellt hat, damit ich etwas tue, sondern nur, damit ich hier unbeweglich stehe.»

Wollte man nun in sie dringen und zu ihr sagen: «Aber, arme Statue, was nützt es dir, so hier zu sein?», würde sie wohl antworten: «Gott, ich bin nicht da, um etwas davon zu haben oder weil es mir nützt, sondern um den Willen meines Herrn und Bildhauers zu erfüllen und ihm zu nützen; das genügt mir.» Führe man nun fort, weiter zu fragen: «Aber, sage mir doch, ich bitte dich, Statue, du siehst doch deinen Herrn nicht, wie kannst du eine Befriedigung darin finden, ihn zufriedenzustellen?», so würde sie bekennen: «Gewiß, ich sehe ihn nicht, denn ich habe nicht Augen, um zu sehen, so wie ich nicht Füße habe, um zu gehen; aber ich bin überglücklich zu wissen, daß mein geliebter Herr mich hier sieht und seine Freude daran findet, mich hier zu sehen.»

Wollte man aber die Unterredung mit der Statue noch weiter fortsetzen und zu ihr sagen: «Aber möchtest du dich nicht gerne bewegen, wünschest du dich nicht näher beim Meister, der dich gemacht hat, um ihm besser dienen zu können?», so würde sie es zweifellos verneinen und bekennen, daß sie nichts tun wolle, außer der Meister wolle es. Und würde man ihr schließlich sagen: «Du wünschst dir also wirklich nichts anderes, als eine unbewegliche Statue in dieser gewölbten Nische zu sein?», so würde sicher das letzte Wort der weisen Statue sein: «Nein, sicherlich nicht; nein, ich will nichts anderes als eine Staue sein und immer in dieser Nische bleiben, solange mein Bildner es will, und bin es zufrieden, hier zu sein und so zu sein, weil es die Befriedigung dessen ist, dem ich gehöre und durch den ich das bin, was ich bin.»

Wahrhaftiger Gott, welch gute Art, sich in der Gegenwart Gottes zu halten, ist es, *so zu sein, wie es Gott will und zuläßt*, und so immer und ewig sein zu wollen. Denn dann sind wir, denke ich, in allen Lagen, ja *selbst wenn wir tief schlafen*, noch tiefer in seiner Gegenwart. Ja sicherlich, Theotimus, denn wenn wir ihn lieben, schlafen wir nicht nur vor seinen Augen ein, sondern weil er es will, und nicht nur, weil er es will, sondern *so, wie er es will*. Es hat den Anschein, als ob er selbst es wäre, unser Schöpfer und himmlischer Bildner, der uns da auf unser Lager legt, wie man Statuen in ihre Nische stellt, damit wir auf unseren Lagern ruhen wie Vögel in ihren Nestern.

Wachen wir dann auf, so finden wir, daß Gott uns immer gegenwärtig war und daß auch wir, wenn wir es richtig bedenken, uns nicht von ihm entfernt und getrennt haben. Wir waren folglich da, bei ihm und in seinem heiligen Willen, wenn auch ohne ihn zu sehen und ohne uns dessen bewußt zu sein. Wir könnten daher mit Jakob sagen: «Wahrhaftig ich schlief bei meinem Gott und in den Armen seiner göttlichen Gegenwart und wußte es nicht» (Gen 28,16).

Diese Ruhe, in welcher der Wille nur durch eine ganz einfache Zustimmung zum göttlichen Wohlgefallen tätig ist und im Gebet nichts anderes vorhat, als unter dem Blick Gottes zu sein, so wie es ihm gefällt, ist *eine höchst wertvolle Ruhe*. Sie ist ja ganz frei von jeder Art Eigennutz, denn die seelischen Fähigkeiten finden darin keine Befriedigung, auch nicht der Wille, außer in seiner höchsten Spitze, in der er sich freut, keine andere Freude zu haben als die, aus Liebe zu Gott, den er erfreuen will, eine Freude zu sein und in seinem Wohlgefallen zu ruhen. Denn es ist das Höchste an Liebesentrückung, *nicht die eigene Freude zu wollen, sondern daß Gott sich erfreue*, oder auch seine Freude nicht am eigenen Willen zu haben, sondern am Willen Gottes.

Ins Leben versunken

Flüssige Dinge nehmen leicht die Formen und Umrisse an, die man ihnen geben will, weil sie keine Festigkeit und Dichte haben, die sie von sich aus formt oder begrenzt. Gieße Flüssigkeit in ein Gefäß, und du wirst sehen, daß sie die Umrisse des Gefäßes annimmt. Je nachdem, ob dieses rund oder viereckig ist, wird es auch die Flüssigkeit sein, da sie keine Abgrenzung noch Gestalt hat, außer der des Gefäßes, das sie enthält. Von Natur aus ist die Seele nicht von dieser Art, denn sie hat ihre eigene Gestalt und ihre eigenen Grenzen. Ihre Gestalt hat sie durch ihre Gewohnheiten und Neigungen und ihre Grenzen durch ihren eigenen Willen.

Hält sie fest an ihren Neigungen und an ihrem Eigenwillen, so sagen wir, daß sie hart ist, d.h., daß sie eigensinnig und hartnäckig ist. «Ich werde», spricht Gott, «das steinerne Herz, d.h. deine Hartnäckigkeit von dir nehmen» (Ez 36,26).

Um einem Stein, Eisen oder Holz eine andere Gestalt zu geben, muß man Meißel, Hammer oder Feuer zu Hilfe nehmen. Man nennt ein Herz eisern, hölzern oder steinern, wenn es die göttlichen Eindrücke nicht so leicht aufnimmt, sondern in seinem eigenen Wollen beharrt und die Neigungen beibehält, die unserer verdorbenen Natur anhaften. Im Gegensatz dazu wird man von einem sanften, empfänglichen, lenkbaren Herzen sagen, es sei weich und erweichbar. «Ich bin ausgeschüttet wie Wasser», sagt David in der Person unseres Herrn am Kreuze, «mein Herz ist in meinem Leibe wie zerschmolzenes Wachs» (Ps 22,15).

Kleopatra, diese schamlose ägyptische Königin, wollte alle Exzesse und Ausschweifungen noch übertreffen, die sich Marcus Antonius bei seinen Gastmählern geleistet hatte; sie ließ sich am Ende einer Festtafel, die sie veranstaltet hatte, einen Pokal mit feinem Essig bringen, in den sie eine der Perlen warf, die sie an ihren Ohren trug, die man auf 250 000 Taler geschätzt hatte. Nachdem die Perle sich aufgelöst hatte, zerschmolzen und flüssig geworden war, trank sie die Flüssigkeit und hätte auch die zweite Perle, die sie am anderen Ohr trug, in der Kloake ihres schmutzigen Magens begraben, hätte sie Lucius Plancus nicht daran gehindert (Plinius, Hist. nat. 9,35). Das Herz unseres Erlösers, diese wahre orientalische Perle, ganz einzig in ihrer Art und von unschätzbarem Wert, die am Tage seines Leidens mitten in ein Meer von unvergleichlichen Bitterkeiten geworfen wurde, löste sich auf, zerging und zerfloß im Schmerz unter der Gewalt so vieler Todesängste. Aber die Liebe, die stärker ist als der Tod (Hld 8,6), macht die Herzen weich und zart und schmilzt so viel rascher als alle anderen Leidenschaften. «*Meine Seele*», sagt Sulamith, «*ist zerschmolzen, als mein Vielgeliebter mit mir sprach*» (Hld 5,6). Was will das heißen, daß sie zerschmolzen ist? Was anders, als daß sie nicht mehr in sich blieb, sondern zu ihrem göttlichen Liebenden hin verströmte? Gott gebot dem Mose, dem Felsen zu befehlen, daß Wasser aus ihm fließe (Lev 20,8). Es ist daher ein Wunder, wenn er selbst die Seele seiner liebenden Braut zum Verströmen brachte, als er in seiner Liebe zu ihr sprach.

Der Balsam ist von Natur aus so dickflüssig, daß er weder fließt noch ausläuft; und je länger er aufbewahrt wird, desto mehr verdichtet er sich. Schließlich wird er hart, rot und durchsichtig. Wärme aber löst ihn wieder auf und macht ihn flüssig (Plin.H.n. 12,25). So hat die Liebe den Bräutigam förmlich zum Zerfließen gebracht; deshalb nennt ihn die Braut «ein ausgegossenes Öl» (Hld 1,2). Gleich darauf versichert sie uns, daß sie selbst vor Liebe zerschmolzen ist. «Meine Seele», sagt sie, «ist zerschmolzen, als mein Geliebter zu mir sprach» (Hld 1,2).

Die Liebe ihres Bräutigams war in ihrem Herzen wie ein neuer, stark gärender Wein, der nicht im Faß zurückgehalten werden kann, sondern nach allen Seiten überfließt. Und weil die Seele ihrer Liebe folgt, fügt die Braut den Worten, die sie gesprochen hat: «Deine Liebe ist lieblicher als Wein», noch diese hinzu: «Dein Name ist wie ausgegossenes Öl» (Hld 1,1.2). Und wie der Bräutigam seine Liebe und seine Seele in das Herz der Braut ergossen hatte, so ergießt auch die Braut ihre Seele in das Herz des Bräutigams. Eine Honigwabe, die von heißen Sonnenstrahlen getroffen wird, geht gleichsam aus sich heraus und gibt ihre Form auf, um sich dorthin zu ergießen, woher sie von den

Strahlen berührt wird. So ergoß sich die Seele dieser Liebenden dorthin, woher die Stimme ihres Vielgeliebten ertönte; sie ging aus sich selbst und aus den Schranken ihres natürlichen Seins heraus, um demjenigen zu folgen, der zu ihr sprach.

Wie aber geht dieses heilige Überströmen der Seele in ihren Vielgeliebten vor sich? Ein äußerst starkes Wohlgefallen, das der Liebende an dem findet, was er liebt, läßt die Seele in eine gewisse geistige Ohnmacht fallen, so daß sie nicht mehr in sich selbst zu bleiben vermag. Sie geht dann wie ein flüssiger Balsam, der keine Festigkeit und Dichte mehr besitzt, in das ein, was sie liebt. Sie wirft sich nicht mit einem Schwung hinein, drängt sich auch nicht heran, um sich mit Gott zu vereinigen, sondern *verströmt still und sachte*, wie flüssig geworden, *in die Gottheit, die sie liebt.*

Wenn die vom Südwind zusammengetriebenen Wolken sich auflösen und in Regen verwandeln, können sie nicht zusammengeballt bleiben, sondern fallen herab und ergießen sich auf die Erde; sie durchtränken sie, vermengen sich mit ihr und werden ganz eins mit ihr. So tritt auch die Seele, die wohl liebte, doch noch in sich selbst blieb, jetzt durch dieses Verströmen und Zerfließen aus sich selbst heraus und verläßt sich selbst, nicht nur, um sich mit ihrem Vielgeliebten zu vereinigen, sondern um ganz mit ihm eins zu werden und sich von ihm förmlich durchtränken zu lassen.

Du siehst also, Theotimus, daß das Einströmen einer Seele in ihren Gott nichts anderes ist als *eine wahre Entrückung*, durch die sie aus den Grenzen ihres natürlichen Verhaltens ganz herausgetreten, ganz in Gott versunken und aufgegangen ist. Daher finden auch jene, die zu diesem Übermaß an göttlicher Liebe gelangen, nichts auf Erden, was sie befriedigt, wenn sie wieder zu sich gekommen sind. Sie leben in einer äußersten Selbstvernichtung, bleiben beinahe ohne Empfinden für alles, was die Sinne betrifft, und haben ständig den Grundsatz der Mutter Theresia von Avila im Herzen: «Alles, was nicht Gott ist, ist mir nichts.» Derart war wohl die leidenschaftliche Liebe jenes großen Freundes des göttlichen Vielgeliebten, der sagte: «Ich lebe, aber nicht ich lebe, sondern Christus lebt in mir» (Gal 2,20), und «Unser Leben ist mit Jesus Christus in Gott verborgen» (Kol 3,3).

Sage mir doch, ich bitte dich, Theotimus, würde man einen Tropfen Wasser in einen Ozean wohlriechender Gewässer fallen lassen und dieser Tropfen könnte leben, sprechen und seinen Zustand beschreiben, würde er nicht voll Freude ausrufen: «O ihr Sterblichen, ich lebe wirklich, aber ich lebe nicht selbst, sondern dieser Ozean lebt in mir, und mein Leben ist in diesem Abgrund verborgen.» *Die in Gott eingeströmte Seele stirbt nicht.* Wie könnte sie auch sterben, wenn sie ins Leben versunken ist? *Aber sie lebt, ohne in sich selbst zu leben.* Denn so wie die Sterne, ohne ihr Licht zu verlieren, nicht leuchten, wenn die Sonne scheint, sondern die Sonne in ihnen leuchtet und sie im Lichte der Sonne verborgen sind, so lebt auch die Seele nicht, wenn sie in Gott eingegangen ist; sie verliert aber ihr Leben nicht, sondern Gott lebt in ihr.

Die Trennung der Liebenden

All diese Worte, die wir für die Liebe gebrauchen, beruhen auf der Ähnlichkeit, die zwischen den Affekten des Herzens und den sinnenhaften Leidenschaften bestehen. Traurigkeit, Furcht, Hoffnung, Haß und die anderen seelischen Affekte finden keinen Eingang in das Herz, wenn nicht die Liebe sie hineinzieht. Wir hassen das Böse nur, weil es dem

Guten entgegengesetzt ist, das wir lieben. Wir fürchten ein künftiges Übel, weil es uns des Guten berauben wird, das wir lieben. Mag ein Übel auch noch so groß sein, wir hassen es nur in dem Maße, als wir das Gute lieben, zu dem es im Gegensatz steht. Wer dem Staat nicht viel Liebe entgegenbringt, ist nicht sehr bekümmert, wenn dieser zugrunde geht. Wer Gott nicht viel liebt, der haßt auch kaum die Sünde. *Die Liebe ist die erste Leidenschaft, sie ist Grund und Ursprung aller Leidenschaften.*

Darum kehrt sie zuerst in das Herz ein, und weil sie bis zum innersten Grund des Willens, wo sie ihren Sitz hat, vordringt und vorstößt, sagt man, *sie verwunde das Herz.* Sie hat eine scharfe Spitze, sagt der Apostel Frankreichs (Coel. Hier. 7), und dringt bis ins Tiefste des Geistes ein. Auch die anderen Affekte finden Eingang, aber durch die Vermittlung der Liebe; denn dadurch, daß sie das Herz durchbohrt, bahnt sie ihnen den Weg. Nur die Spitze des Pfeiles verwundet, das übrige vergrößert nur die Wunde und den Schmerz.

Wenn die Liebe verwundet, *bereitet sie auch Schmerzen.* Der Granatapfel ist nach einem Wort Gregors des Großen dafür ein treffendes Bild. Sein leuchtendes Rot weist auf die Gluten der Gottesliebe hin, die Fülle der Kerne auf die Fülle der Tugenden, die die Liebe enthält, die Krone auf die Krone der ewigen Belohnungen, die die Liebe allein erhält und trägt. Der Saft des Granatapfels aber, der, wie wir wissen, den Gesunden wie den Kranken so köstlich mundet, ist ein solches Gemisch von Herbheit und Süße, daß man nicht unterscheiden kann, ob die süße Herbheit oder die herbe Süße den Geschmack so anspricht. Gewiß, Theotimus, auch die Liebe ist *süß und herb zugleich*; solange wir in dieser Welt sind, ist ihre Süße nie vollkommen süß, weil sie nie vollkommen und nie ganz gestillt und befriedigt ist.

Trotzdem ist sie ungemein wohltuend. Ihre Herbheit erhöht noch die Lieblichkeit ihrer Süße, wie auch ihre Süße den Reiz ihrer Herbheit verstärkt.

Wie ist das möglich? Da ist dieser oder jener junge Mann in eine Gesellschaft gekommen. Frisch, froh und frei hat er mitgetan, war aber nicht auf der Hut. Und nun bediente sich die Liebe der Blicke, der Haltung, der Worte, ja selbst der Haare eines schwachen Geschöpfes wie ebensovieler Pfeile, sein wehrloses Herz zu verwunden. Jetzt ist er traurig, verschlossen und verwundert. Warum aber, bitte ich dich, ist er denn traurig? Doch sicher, weil er verwundet ist. Wer hat ihn verwundet? Wer anders als die Liebe.

Aber wie kann die Liebe verwunden und Schmerzen bereiten? Die Liebe, die doch ein Kind des Wohlgefallens ist? Nun, *was man liebt, ist zuweilen abwesend*. Auch darin verwundet die Liebe das Herz durch die Sehnsucht, die sie weckt; da diese nicht gestillt werden kann, quält sie in hohem Maße das Gemüt. Ist ein Kind von einer Biene gestochen, sagst du ihm vergeblich: «Mein liebes Kind, die Biene, die dich gestochen hat, bereitet dir doch auch den süßen Honig, der dir so gut schmeckt.» Es wird dir antworten: «Das ist schon wahr, der Honig schmeckt mir auch recht gut. Aber der Stich tut mir trotzdem sehr weh, und solange der Stachel in meiner Wange sitzt, werde ich keine Ruhe haben. Siehst du nicht, daß mein Gesicht ganz geschwollen ist?»

Sicher gibt es keine Liebe ohne Wohlgefallen. Daher ist sie auch so überaus beglückend, vorausgesetzt, daß sie im Herzen nicht den *Stachel der Sehnsucht* zurückläßt. Läßt sie ihn aber zurück, so läßt sie mit ihm auch Schmerzen zurück, die allerdings von der Liebe herrühren und deshalb liebenswert sind. Höre die schmerzhaften aber liebevollen *Sehnsuchtsrufe* der Söhne Korachs: «Meine Seele dürstet nach dem lebendigen Gott. Wann werde ich dahin kommen, daß ich Gottes Angesicht schaue? Meine Tränen sind meine Speise Tag und Nacht, weil man täglich zu mir sagt: Wo ist nun dein Gott?» (Ps 42,3.4).

So redet auch *Sulamith*, ganz durchdrungen von ihrer schmerzlichen Liebe, die Töchter Jerusalems an: «Ach, ich beschwöre euch, wenn ihr meinem Freund begegnet, kündet ihm mein Leid, denn ich sieche dahin, von seiner Liebe verwundet» (Hld 5,8). «Hingehaltene Hoffnung schmerzt die Seele» (Spr 13,12).

Die Liebe schlägt Wunden verschiedener Art. Schon ihre ersten Berührungen verwunden das Herz. Solange es nicht liebt, scheint es gesund und unversehrt zu sein und ganz sicher selbst gehörig. Jetzt aber, von der Liebe ergriffen, beginnt es, *sich von sich selbst zu trennen* und zu lösen, *um sich dem hinzugeben, den es liebt.* Diese Trennung aber kann nicht ohne Schmerz vor sich gehen, denn Schmerz ist nichts anderes als Trennung lebender Wesen, die sich fest aneinanderhalten. Die Sehnsucht bohrt unaufhörlich und *verwundet das Herz*, das davon befallen ist. Die Liebe aber kennt noch eine andere Art *Wunden, die Gott selbst zuweilen den Seelen zufügt*, die er zu hoher Vollkommenheit führen will.

Gott weckt in der Seele wunderbare Empfindungen und unvergleichliche Antriebe zu seiner über alles erhabenen Güte hin. Er drängt sie und treibt sie an, ihn zu lieben. So rafft sie sich denn mit aller Kraft auf, um sich zu ihrem Gott hinaufzuschwingen – kann aber nicht weiter, *kann nicht lieben, wie sie es sich wünscht.* Welchen Schmerz fühlt sie da, einen Schmerz, der seinesgleichen nicht hat. Während sie mächtig angetrieben wird, ihrem Vielgeliebten entgegenzufliegen, wird sie gleichzeitig zurückgehalten und kann sich nicht erheben. Sie ist wie gefesselt an die niedrigen Armseligkeiten dieses sterblichen Lebens und ihres eigenen Unvermögens. Sie wünscht sich die Flügel einer Taube (Ps 55,7), um an ihren Ruheort zu fliegen, und findet ihn doch nicht. So leidet sie furchtbare Qualen in diesem *Zwiespalt von heftiger Sehnsucht und lähmendem Unvermögen.* «Ich unglücklicher Mensch», sagt einer, der an dieser Pein gelitten hatte, «wer wird mich erlösen von diesem todverfallenen Leibe?» (Röm 7,24).

Wenn du nun achtsam bist Theotimus, so ist es nicht die Sehnsucht nach etwas Abwesendem, die das Herz verwundet, denn die Seele fühlt ja, daß Gott ihr schon gegenwärtig ist. Er hat sie ja schon «in seinen Weinkeller geführt und auf ihrem Herzen das Banner der Liebe aufgepflanzt» (Hld 2,4; nach Hebr. u. Sept.). Aber obwohl sie schon ganz die Seine ist, drängt er sie und schießt von Zeit zu Zeit tausend und abertausend Pfeile seiner Liebe auf sie ab und zeigt ihr immer aufs neue, um wieviel mehr er wert ist, geliebt zu werden, als er wirklich geliebt wird. Und sie, die nicht so viel Kraft hat, ihn zu lieben, sieht, *wie hinfällig ihre Bemühungen sind im Vergleich zu ihrer Sehnsucht*, den auf würdige Weise zu lieben, den kein Bemühen je genug lieben kann. Deshalb ergreift sie eine unvergleichliche Qual; denn mit jedem Aufschwung, den sie unternimmt, um in ihrer Sehnsucht höher zu fliegen, wird sie von neuen Schmerzen erschüttert.

Dieses von Liebe zu seinem Gott erfüllte Herz sehnt sich danach, ihn unendlich zu lieben, muß aber erkennen, daß es trotzdem weder genügend zu lieben noch sich genügend nach ihm zu sehnen vermag. Diese *Sehnsucht, der kein Erfolg beschieden ist*, bohrt sich wie ein Dorn in ihr Herz. Dennoch ist der so ausgelöste Schmerz liebenswert. Denn wer sich innig sehnt zu lieben, liebt es auch, sich innig zu sehnen, und würde sich für das erbärmlichste Wesen der

Welt halten, wenn er sich nicht ständig danach sehnte, das zu lieben, was über alles liebenswert ist. *Da er sich danach sehnt zu lieben, leidet er; aber da er es liebt, sich zu sehnen, empfindet er zugleich Freude.*

Wahrhaftiger Gott, Theotimus, was soll ich dann sagen? Die Seligen im Paradies, die so klar sehen, daß Gott noch viel liebenswerter ist, als sie ihn lieben, würden vor Sehnsucht, ihn noch inniger zu lieben, ewig vergehen und zugrunde gehen, wenn der Wille Gottes nicht ihrem Willen die wunderbare Ruhe mitteilte, deren er sich selber erfreut. So willigen sie darin ein, in ihrer Liebe begrenzt zu sein durch eben den Willen, dessen Güte der Gegenstand ihrer Liebe ist. Wäre das nicht der Fall, so wäre ihre Liebe ebenso beseligend wie schmerzlich: beseligend durch den Besitz eines so großen Gutes, schmerzlich wegen der übergroßen Sehnsucht nach einer größeren Liebe.

Gott, der aus dem Köcher seiner unendlichen Schönheit sozusagen unaufhörlich Pfeile herauszieht, verwundet die Seele seiner Liebenden, indem er sie klar sehen läßt, daß ihre Liebe gering ist im Vergleich zu seiner Liebenswürdigkeit. *Wer unter den Sterblichen sich nicht danach sehnt, die göttliche Güte inniger zu lieben, liebt sie nicht genug.* Genügsamkeit in dieser göttlichen Übung genügt nicht; es darf niemand dabei stehen bleiben, als ob sie ihm schon genügte.

Nichts verwundet ein liebendes Herz so sehr wie ein anderes Herz, das aus Liebe zu ihm verwundet ist. Der Pelikan baut sein Nest auf der Erde; daher kommt es oft vor, daß seine Jungen von Schlangen gebissen werden. Wenn dies geschehen ist, bringt der Pelikan, wie ein richtiger Arzt, seinen armen Jungen mit dem Schnabel überall Wunden bei, um mit dem Blut das Gift ausströmen zu lassen, das der Biß der Schlange in ihrem Körper verbreitet hat. Um so das ganze Gift auszuscheiden, läßt er das ganze Blut herausfließen, und die kleine Schar der Pelikane muß sterben. Sieht er sie aber tot daliegen, bringt er sich selbst eine Wunde bei und läßt daraus sein Blut über seine Jungen verströmen, um sie mit einem neuen und reineren Leben zu beleben. Seine Liebe hat sie verwundet, und gleich darauf verwundet er sich selbst durch die gleiche Liebe.

Nie verwunden wir ein Herz mit einer Liebeswunde, ohne sogleich selber verwundet zu werden. Sieht die Seele, daß Gott aus Liebe zu ihr verwundet ist, so schlägt das sofort auch ihr eine Wunde. «Du hast mein Herz verwundet», sagte der Liebende zu seiner Sulamith (Hld 4,9). Und sie ruft aus: «Sagt ihm, daß ich von Liebe verwundet bin» (Hld 5,8). Die Bienen verwunden nie, ohne selbst tödlich verwundet zu werden. *Wie können wir den Erlöser unserer Seele vor Liebe verwundet sehen* «bis zum Tod, ja bis zum Tod am Kreuze» (Phil 2,8), *ohne selbst auch aus Liebe zu ihm verwundet zu werden?*

Eine andere Art von Liebeswunde wird der Seele geschlagen, die fühlt, daß sie Gott liebt, aber trotzdem von Gott so behandelt wird, *als wüßte er nicht um ihre Liebe* oder als brächte er ihrer Liebe Mißtrauen entgegen. Dann, mein lieber Theotimus, überfällt die Seele eine maßlose Angst, denn der bloße Anschein, als wollte Gott ihr mißtrauen, ist ihr unerträglich. So war das Herz des Petrus übervoll von Liebe zu seinem Meister, was dieser auch fühlte; der Herr aber stellte sich so, als ob er das nicht wüßte. «Petrus», sagte er, «liebst du mich mehr als diese?» – «Ja, Herr», erwiderte der Apostel, «du weißt, daß ich dich liebe» (Joh 21,15–17). Der Herr aber fragte noch einmal: «Petrus, liebst du mich?» – «Mein lieber Meister», sagte der Apostel, «ich liebe dich bestimmt, du weißt es doch.» Und noch einmal fragt ihn der Meister, um ihn zu prüfen, als ob er seiner Liebe nicht traute: «Petrus, liebst du mich?» – Ach

Herr, du verwundest dieses arme Herz, und tiefbetrübt schreit es voller Liebe, aber auch voller Schmerz auf: «Herr, du weißt alles, du weißt doch sicher, daß ich dich liebe.» Petrus war ganz überzeugt, daß dem allwissenden Herrn doch nicht unbekannt sein konnte, wie sehr er von ihm geliebt wurde. Aber weil die Wiederholung der Frage «Liebst du mich?» den Schein des Mißtrauens an sich hatte, stimmte dies Petrus ganz traurig.

Es gibt Seelen, die wohl entschlossen sind, eher zu sterben, als ihren Gott zu beleidigen, aber nur *frostige Kälte* fühlen. Solche Seelen sind wund, denn es ist ihrer Liebe äußerst schmerzlich zu sehen, daß Gott tut, als ob er ihre Liebe nicht sähe, und daß er sie wie Geschöpfe behandelt, die ihm nicht angehören. Mitten in ihren Fehlern, Zerstreuungen und Kältezuständen glaubt eine solche Seele Vorwürfe des Herrn zu hören: «Wie kannst du sagen, daß du mich liebst, da deine Seele gar nicht bei mir ist?» Und das bohrt sich wie ein schmerzender Dorn in ihr Herz hinein. Aber dieser schmerzliche Dorn kommt aus der Liebe; denn *liebte sie nicht, so würde die Angst, nicht zu lieben, sie nicht traurig machen.* Zuweilen entsteht diese Liebeswunde einfach *aus der Erinnerung, daß wir einmal Gott nicht geliebt haben*: «O wie spät habe ich dich geliebt, du alte und immer neue Schönheit!» So sprach Augustinus, der dreißig Jahre im Irrglauben verbracht hatte (Aug. Bek. 5,27). Wer früher gelebt hat, ohne die höchste Güte zu lieben, denkt nur mit Abscheu an diese vergangenen Zeiten zurück.

Eine Wunde bringt uns die Liebe selbst dadurch bei, daß wir *an die Vielen denken, die Gottes Liebe verachten.* Es erfaßt uns ein tiefes Leid darüber, wie jenen, der sagte: «Mein Eifer ließ mich dahinwelken vor Schmerz, weil meine Widersacher deine Worte vergessen» (Ps 119,139). Eines Tages, als er sich unbeobachtet glaubte schluchzte der hei-

lige Franz von Assisi und klagte mit so lauter Stimme, daß
ein guter Mann, der ihn hörte, herbeilief und ihm zu Hilfe
kommen wollte, weil er meinte, man wolle ihn umbringen.
Als er ihn ganz allein sah, fragte er ihn, warum er denn so
schreie. «Ach», antwortete Franziskus, «ich weine, weil unser Herr so viel aus Liebe zu uns erduldet hat und niemand
daran denkt.» Und nachdem er diese Worte gesprochen hatte, fing er aufs neue zu weinen an, und auch dieser gute
Mann stimmte in sein Klagen und Weinen ein (Chron. Fr.
Min. 1,1). Aber wie auch immer es sei: *Das ist das Wunderbare* an den Wunden, die man durch die Liebe empfängt,
daß der Schmerz wohltuend empfunden wird. Alle, die ihn
spüren, willigen in ihn ein und möchten diesen Schmerz
nicht gegen alle Freuden der Welt eintauschen. In der Liebe
gibt es kein Leid, oder wenn es ein Leid gibt, so ist es ein
geliebtes Leid (Aug. De bono vid. 21). Der Vielgeliebte ist
ein bitteres Myrrhenbüschlein, und dieses bittere Büschlein
ist wieder der Vielgeliebte, der an der Brust der Vielgeliebten
ruht, er ist der vor allen am höchsten Geliebte.

Das Hohelied der Liebe

Es ist hinlänglich bekannt, daß die *menschliche Liebe* die
Kraft hat, nicht nur das Herz zu verwunden, sondern *auch
den Leib in tödliche Krankheiten zu stürzen.* Wie eine Leidenschaft viel Macht hat, auf die Seele einzuwirken und sie
mit sich fortzureißen, so besitzen auch die Affekte der Seele
eine große Kraft, das Herz zu erregen und den körperlichen
Zustand zu verändern. Überdies drängt eine heftige Liebe
die Seele so ungestüm zu dem hin, den sie liebt, und nimmt
sie so sehr in Anspruch, daß sie alle anderen Tätigkeiten
vernachlässigt, sowohl jene, die den Sinnen, wie jene, die

dem Verstand zukommen. Um diese Liebe zu nähren und zu fördern, läßt die Seele scheinbar jede andere Sorge, jede andere Übung, ja sich selbst fahren.

Darum hat *Plato* (im Sympos.) gesagt, daß die Liebe *«arm, zerrissen, nackt, barfuß, armselig, obdachlos ist, auf harter Erde, vor den Türen liegt und immer bedürftig ist».* Sie ist «*arm*», denn sie führt dazu, daß man alles um dessen willen verläßt, was man liebt; sie ist «*obdachlos*», denn sie läßt die Seele ihren Wohnsitz verlassen, um immer dem zu folgen, den sie liebt. Sie ist «*armselig*», blaß, mager und entstellt, denn ihretwegen entbehrt man Schlaf, Trank und Speise. Sie ist «*nackt*» und «*barfuß*», denn sie bewirkt, daß man alle anderen Zuneigungen aufgibt, um sich ganz dem zuzuwenden, was man liebt. Sie schläft «*draußen auf bloßer Erde*», denn das liebende Herz ist sozusagen entblößt. Sie treibt es ja an, seine Leidenschaften durch Seufzen, Klagen, Lobhymnen und Eifersucht allen kundzutun. Gleich einem Bettler liegt sie ausgestreckt «*vor den Toren*». Denn die Liebe treibt den Liebenden an, immer mit gespannter Aufmerksamkeit an Augen, Mund und Ohr dessen zu hängen, den man liebt, um ihn sprechen und seine Gunsterweise erbetteln zu können, deren sie nie satt wird. Auge, Ohr und Mund sind aber die Tore der Seele. Und schließlich besteht das Leben der Liebe darin, immer «*bedürftig*» zu sein, denn wenn sie einmal gesättigt ist, hat sie ihre Glut eingebüßt und hört folglich auf, Liebe zu sein.

Ich weiß wohl, Theotimus, daß Plato so von der verächtlichen, niedrigen, armseligen Liebe der Weltkinder spricht. Diese Eigenschaften finden sich aber auch *in der göttlichen Liebe.* Sieh doch auf die ersten Meister der christlichen Lehre, d. h. die ersten Lehrer der evangelischen Liebe, und höre, was einer von ihnen sagte, der am meisten Mühsal zu ertragen hatte: «Bis auf die Stunde leiden wir Hunger und Durst, Blöße und Schläge. Wir haben kein Zuhause ... Wie Kehricht der Welt sind wir geworden bis zur Stunde, der Abschaum aller» (1 Kor 4,11.13). Es ist, als wollte er sagen: Wir sind derart verachtet, daß, wenn die Welt ein Palast ist, wir als dessen Kehricht gelten; ist sie ein Apfel, sind wir die Schalen, die man wegwirft. Wer, ich bitte dich, hatte sie in diesen Zustand gebracht, wenn nicht die Liebe? Die Liebe war es, die Franz von Assisi sich nackt vor die Füße seines Bischofs werfen und ihn nackt auf dem Erdboden sterben ließ, und die Liebe war es, die ihn sein Leben lang zum Bettler machte.

Hören wir, wie Sulamith, die Braut, fast das Gleiche sagt: «Meine Liebe hat mich mit tausenderlei Freuden beschenkt, dadurch bin ich schöner als die reichen Zelte meines Salomo» (Hld 1,4.5), ich will sagen, schöner als der Himmel, der nur sein lebloser Baldachin ist, während ich sein lebendiges Zelt bin. Dennoch bin ich «schwarz», zerrissen, mit Staub bedeckt und ganz entstellt von all den Wunden und Schlägen, die ich von dieser Liebe empfangen habe. O achtet nicht auf meine Farbe, denn ich bin stark gebräunt. Mein Vielgeliebter, der meine Sonne ist, hat die Strahlen seiner Liebe auf mich gerichtet, Strahlen, die durch ihr Licht erleuchten, mich aber durch ihre Glut versengt und gebräunt haben. Als sie mich mit ihrem Glanz berührten, nahmen sie mir meine Farbe. Meine leidenschaftliche Liebe macht mich glücklich, doch diese Leidenschaft, hat mir auch viel Drangsal und Mühe bereitet. Sie haben mich so erschöpft, daß ich einerseits einer Königin gleiche, die an der Seite ihres Königs thront, andererseits jedoch auch einer Winzerin, die, in einer armseligen Hütte wohnend, einen Weinberg hütet und noch dazu einen Weinberg, der nicht ihr Eigen ist.

Ja, Theotimus, wenn die Liebe uns viele und tiefe Wunden schlägt, versetzen diese uns in einen Zustand des Siechtums. *Wir verfallen der seligen Krankheit der Liebe.* Wer könnte jemals das Liebessiechtum der Katharina von Siena und der von Genua, der Angela von Foligno oder der Mutter Theresia oder des Bernhard von Clairvaux oder des *Franz von Assisi* beschreiben? Das Leben dieses Heiligen war nichts als Tränen, Seufzer, Klagen und Sehnsucht. Auch Abraham, der den Todesstreich an seinem einzigen Sohn ausführen will, um ihn zu opfern, hat die Macht, uns zu Tränen zu rühren. Wie gewaltig muß erst die Erschütterung des Franziskus gewesen sein, als er das Bild seines Herrn sah, der sich selbst am Kreuze opferte, zerschlagen, verwundet, durchbohrt und zerschunden am Kreuze hängend.

So war die zutiefst aufgewühlte, erschütterte und in Liebesschmerz wie zerflossene Seele geeignet, die Eindrücke und Zeichen der Liebe und des Schmerzes ihres Liebenden zu empfangen. Denn das Gedächtnis war ganz durchdrungen von der Erinnerung an diese Liebe; die Phantasie war davon erfüllt, und das Erkenntnisvermögen nahm die unendlich lebendigen Vorstellungen auf, die ihm die Einbildungskraft zuführte. Die Liebe endlich bot alle Kräfte des Willens auf, sich in das Leiden ihres Vielgeliebten zu vertiefen und ihm gleichförmig zu werden. Dadurch wurde die Seele ganz in den Gekreuzigten umgewandelt, förmlich zum zweiten Kruzifix.

Die Liebe versteht es wunderbar, die Einbildungskraft so zu schärfen, daß sie sich auch nach außen auswirkt. So beeinflußte die tierische Liebe der Schafe Labans so sehr deren Einbildungskraft, daß sie die Lämmer, mit denen sie trächtig waren, weiß oder gefleckt machte, je nach der Farbe der Stäbe, die in den Trögen lagen, an denen man sie tränkte. Auch in Frauen, die empfangen haben, ist die Einbildungskraft durch die Liebe so rege, daß sie dem Leib ihrer Kinder leicht das einprägen, was sie sich wünschen. – Eine erschütternde Vorstellung kann verursachen, daß ein Mensch in einer Nacht weiße Haare bekommt und seine Gesundheit zerrüttet wird. Die Liebe ließ die seelischen Qualen des liebenden Franziskus nach außen dringen und verwundete den Körper mit dem Pfeil, mit dem sie das Herz verwundet hatte. Doch da die Liebe im Inneren der Seele brannte, war es ihr nicht gegeben, das Fleisch von außen aufzureißen. Deshalb kam ihr der glühende Seraph zu Hilfe und warf auf seine Hände und Füße Strahlen von einer so durchdringenden Helle, daß sie tatsächlich in dieses Fleisch die körperlichen Wunden des Gekreuzigten einbrannten, die die Liebe bereits innerlich der Seele eingeprägt hatte. So sah auch der Seraph, daß Jesaja wegen der Unreinheit seiner Lippen nicht zu sprechen wagte. Deshalb kam er im Auftrag Gottes, seine Lippen mit einer vom Altar genommenen glühenden Kohle zu berühren, zu reinigen und so dessen Wunsch zu erfüllen (Jes 6,5–7).

Die Myrrhe sondert ein wenig Flüssigkeit ab, wie wenn sie diese ausschwitzte oder ausatmete. Soll aber viel davon herausfließen, so muß man durch einen Einschnitt in die Rinde nachhelfen. So trat auch bei Franziskus die Gottesliebe in seinem ganzen Leben in Erscheinung, alle seine Handlungen atmeten nur diese Liebe. Aber um deren ganzen Reichtum zu offenbaren, mußte er von dem himmlischen Seraph Schnitte empfangen und verwundet werden. Damit man nun wisse, daß diese Wunden Wunden der Liebe seien, wurden sie nicht mit einem eisernen Werkzeug geöffnet, sondern durch Lichtstrahlen aufgebrochen. Die ganze Zeit, die er noch lebte, gab es für ihn nur noch ein ständiges Sichweiterschleppen, ein ständiges Siechtum; war er doch schwer krank, erkrankt an der Krankheit der Liebe …

Wenn also Gott einer Seele seine göttlichen Freuden in reichem Maße gespendet hat und sie ihr dann wieder nimmt, verwundet er sie durch diese Beraubung, und sie siecht dahin und klagt mit David: «Wann wird der Tag kommen, an dem ich Gottes Angesicht schaue» (Ps 42,3), an dem der wiederkehrende Trost dieses Leid von mir nimmt? Oder mit dem Apostel Paulus: «O ich unglücklicher Mensch, wer wird mich befreien von dem Leibe dieses Todes?» (Röm 7,24).

Gott ist gegenwärtig

Hier sprechen wir nicht von der allgemeinen Vereinigung des Herzens mit seinem Gott, sondern von *bestimmten* Akten und besonderen *Regungen*, die eine in Gott gesammelte Seele betend erweckt, *um sich mehr und mehr mit seiner göttlichen Güte zu vereinigen und zu verbinden*. Es ist gewiß ein Unterschied, ob man ein Ding mit einem anderen vereint und verbindet oder ob man es *gegen oder auf ein anderes drückt und preßt*: Will man sie nur miteinander verbinden, braucht man beide Dinge nur so aneinanderzulegen, daß sie beisammen sind und sich berühren. So legen wir Reben um Äste von Ulmen und Jasminzweige um Stäbe von Gartenlauben. Sollen aber zwei Dinge zusammengedrückt und -gepreßt werden, braucht es einen kräftigen Kontakt, der die Verbindung verstärkt und festigt. Dinge aufeinanderzupressen heißt also, sie ganz eng und stark zusammenschließen, etwa so wie Efeu sich um den Baum rankt. Er verbindet sich nicht nur mit ihm, sondern drückt und preßt sich so stark in ihn hinein, daß er sich sogar in die Rinde einbohrt und eingräbt.

Wir dürfen den wegen seiner Unschuld und Reinheit so anziehenden Vergleich mit der *Liebe der kleinen Kinder zu ihren Müttern* nicht fallen lassen. Schau dir diesen Kleinen an, dem die Mutter sitzend die Brust reicht. Mit ganzer Kraft wirft er sich in ihre Arme, zieht förmlich seinen Körper zusammen und schmiegt sich fest in den Schoß und an die Brust seiner Mutter. Die Mutter nimmt ihn in ihre Arme, drückt ihn an sich, heftet ihn förmlich an ihre Brust und preßt im Kuß ihren Mund an seinen Mund.

Sieh, wie das Kind, noch angespornt von den mütterlichen Zärtlichkeiten, nun selber alles tut, was es kann, um ganz eins mit seiner Mutter zu werden. Es drückt und preßt sich an die Brust und an das Gesicht der Mutter, wie wenn es sich in ihrem Schoß, aus dem es hervorgegangen, vollends vergraben und verbergen wollte.

So ist dann diese Vereinigung vollkommen, Theotimus; obwohl nur *ein* Einswerden, stammt es doch von Mutter und Kind. Letztlich *hängt es zwar ganz von der Mutter ab*; denn sie hat das Kind an sich gezogen, sie hat es zuerst in ihre Arme genommen und an ihre Brust gedrückt; die Kräfte des Kindes sind nicht so groß, daß es sich an seine Mutter hätte pressen und festhalten können – und doch tut das arme Kleine, was es kann, schmiegt sich mit aller Kraft an die mütterliche Brust, ist nicht nur einverstanden damit, daß die Mutter es an sich drückt, sondern trägt auch von ganzem Herzen noch dazu bei. *So zieht auch der Herr die ihn liebende Seele ganz an sich*, wenn er ihr seine göttliche Liebe offenbart. Er rafft all ihre Fähigkeiten zusammen und birgt sie förmlich im Schoß seiner mehr als mütterlichen Zärtlichkeit. Brennend vor Liebe ergreift er die Seele und vereinigt sich mit ihr, und *die Seele* willigt nicht nur in die

Vereinigung ein, die Gott bewirkt, und gibt sich ihr nicht nur hin, sondern *wirkt mit aller Kraft mit*, eine immer innigere Verbundenheit mit Gott zu gewinnen, ein immer engeres Anschmiegen an die göttliche Güte zu erzielen.

Wenn man sieht, daß etwas auserlesen Schönes mit großer Hingabe betrachtet, daß einer herrlichen Musik mit großer Aufmerksamkeit gelauscht oder eine formvollendete Rede mit großer Spannung angehört wird, so sagt man, diese Schönheit halte die Augen der Zuschauer gebannt, diese Musik feßle die Ohren, diese Rede reiße die Herzen der Hörer mit. Was heißt dieses Bannen, Fesseln, Mitreißen anderes, als daß diese Sinne und Fähigkeiten sich kraftvoll an ihre Gegenstände binden und mit ihnen ganz eins werden? *So drängt und schmiegt sich die Seele an den Gegenstand*, dem sie sich mit liebevoller Aufmerksamkeit hingibt. Dieses Drängen ist nichts anderes als das Fortschreiten und Vertiefen der Vereinigung und Verbindung. Wir gebrauchen dieses Wort in unserer Sprache auch für Geistiges: Er drängt mich, das oder jenes zu tun, er drängt mich zu bleiben. So handelten die Jünger von Emmaus, die den Herrn nicht nur baten, bei ihnen einzukehren, sondern ihn dazu drängten und förmlich mit liebevoller Gewalt dazu zwangen (Lk 24,29).

Im Gebet vollzieht sich die Vereinigung oft *durch kleine, aber häufige Bemühungen der Seele*, sich zu Gott aufzuschwingen und ihm näher zu kommen.

Hat die Seele sich zum Beispiel lange bei Empfindungen der Gottverbundenheit aufgehalten, empfindet sie mit Freude, wie glücklich sie ist, Gott anzugehören, und wird schließlich diese Gottverbundenheit dadurch verstärken, daß sie sich noch inniger, herzlicher und stürmischer an ihn herandrängt. «Herr», wird sie dann sagen, «ich bin dein, ohne Vorbehalt dein.» Oder auch: «Ich bin dein und will es immer mehr sein.» Oder sie bittet: «Gütiger Jesus, zieh mich immer tiefer in dein Herz hinein, damit ich mich in deiner Liebe ganz verliere.»

Große, schwere Blei-, Eisen- oder Steinmassen drücken, ohne daß man sie stößt, auf die Erde, auf der sie liegen, und dringen ein, so daß ihr Schwergewicht schließlich zum Mittelpunkt der Erde strebt. So geht es auch dem Herzen, das immer tiefer in Gott versinkt, wenn es einmal mit Gott vereint ist, wenn es in dieser Gottverbundenheit bleibt. Es vertieft sich ständig, wenn auch unmerklich, in dieser Gottverbundenheit, bis es ganz in Gott ruht. Dies ist die von der Liebe bewirkte Neigung, die es antreibt, sich immer mehr mit der allerhöchsten Liebe zu vereinigen, sagt doch Dionysius Areopagita, der Apostel Frankreichs (De div. nom. 4,15): «Die Liebe ist eine einigende Kraft», die uns zur vollkommenen Vereinigung mit der allerhöchsten Güte vorwärtsträgt.

Bäume, die sich leicht verpflanzen lassen, strecken ihre Wurzeln aus und wühlen sich tief in die Erde hinein, die ihr Element und ihre Nahrung ist. Niemand merkt, wann es geschieht, sondern man nimmt es erst wahr, nachdem es geschehen ist. – Ist *das menschliche Herz* durch die Liebe von der Welt in Gott hineinversetzt, *wird es sich ständig in der Gottheit weiter* und sich immer mehr in ihre Güte versenken. Dies aber wird durch ein unmerkliches Wachstum geschehen, dessen Fortschritt man nicht feststellen kann, während er vor sich geht, sondern erst, wenn er an sein Ende gekommen ist.

Wenn du ein feines Getränk zu dir nimmst, etwa das «Kaiserwasser», so verbindet es sich mit dir, wenn du es trinkst. Aufnahme und Vereinigung mit dir sind dann ein und dasselbe. Später aber verstärkt sich nach und nach die Wirkung, ohne daß du so recht den Fortschritt zu erkennen vermagst. Die Kraft des Getränks dringt überall vor, kräftigt Hirn und Herz und schärft all deine geistigen Fähigkeiten. So ist es auch, wenn ein Liebesempfinden das Herz erfaßt. Zuerst vereinigt sich das Herz mit dieser göttlichen Güte. Wird aber *das Liebesempfinden* nur einige Zeit festgehalten, so *dringt* es wie ein kostbares Parfüm *von überall her in die Seele*, verströmt und verbreitet sich in unserem Willen und wird sozusagen unserem Geist einverleibt, weil es in uns eindringt und ganz mit uns eins wird. Das will uns auch David sagen, wenn er die Heilige Schrift mit dem Honig vergleicht (Ps 119,103): «Dein Wort ist meinem Munde süßer als Honig», weiß doch jedermann, daß die Süßigkeit des Honigs in unseren Geschmack stärker eingeht und wir ihn besser genießen, wenn wir ihn länger im Munde behalten oder wenn wir ihn langsam zu uns nehmen, so daß seine Köstlichkeit tiefer in unseren Geschmack eindringt. So kann man auch das Empfinden der göttlichen Güte durch Worte ausdrücken wie Thomas: «Mein Herr und mein Gott!» (Joh 20,28), oder wie Maria Magdalena: «Mein Meister!» (Joh 20,16), oder Franziskus: «Mein Gott und mein alles!» *Wenn dieses Empfinden länger in einem liebenden Herzen verweilt, so verströmt und verbreitet es sich im Herzen* und bohrt sich in den Geist ein – und das ist nichts anderes als ein Wachsen der Vereinigung mit Gott.

Ähnliches geschieht, wenn man eine kostbare Salbe oder feinen Balsam auf Baumwolle träufelt. Sie vermischen und verbinden sich nach und nach so stark, daß man schließlich kaum mehr zu sagen vermag, ob die Wolle parfümiert oder Parfüm ist, ob das Parfüm Wolle oder die Wolle Parfüm ist. Wie glücklich ist doch eine Seele, die in der Stille ihres Herzens das Empfinden der göttlichen Gegenwart liebend bewahrt: Immer stärker mit der göttlichen Güte verbunden, wird sie unmerklich wachsen und von unendlicher

Freude erfüllt. Denn ihre Verbundenheit mit der göttlichen Güte wird stärker, wenn auch unmerklich wachsen, und *wenn ich aber vom Empfinden dieser göttlichen Gegenwart spreche, so meine ich nicht ein fühlbares Empfinden, sondern ein solches, das auf dem Gipfel, auf der höchsten Spitze des Geistes seinen Sitz hat, wo die göttliche Liebe thront und ihre wichtigsten Tätigkeiten entfaltet.*

Das nicht mehr eigene Leben

Das Schöne (kalón) bezeichnen die Griechen mit einem Namen, der mit dem Wort «rufen» (kalein) zusammenhängt, weil es alles anzieht und zu sich ruft: Desgleichen ist das Licht das wahre Bild des Guten, insofern das Licht alles, was existiert, erfaßt, sich zukehrt und zuwendet. Deshalb bezeichnen die Griechen auch die Sonne mit einem Wort, das darauf hinweist, daß sie alles zusammenrafft, zusammendrängt und alles Zerstreute sammelt, so wie auch die Güte bewirkt, daß sich ihr alles zuwendet. Das Licht ist ja nicht nur die erhabene Einheit, sondern auch das erhabene Einigende, weil alle Wesen es ersehnen als ihren Urgrund, ihren Erhalter und ihr letztes Ziel. Folglich sind letzten Endes das Gute und das Schöne nur ein und dasselbe, da ja alle Dinge nach dem Guten und Schönen verlangen.

Was ich hier gesagt habe, stammt fast ganz von Dionysius, dem Areopagiten (Div. nom. 4,4.7), dem gewiß ist, daß die Sonne die Quelle des Lichtes, ein echtes Bild des Guten und des Schönen ist; denn unter allen Geschöpfen gibt es keine Schönheit und Güte, die der Sonne gleichkommt. Schönheit und Güte der Sonne liegen aber in ihrem Licht, ohne das in dieser Welt nichts schön und nichts gut wäre. – Weil es schön ist, spendet es allem Klarheit, weil es gut ist, erwärmt und belebt es alles. Weil es schön und hell ist, zieht es alle Augen auf sich, die auf Erden sehen können; weil es gut ist und alles erwärmt, zieht es alle Wünsche und Neigungen der gegenständlichen Welt auf sich. Es zieht die Dünste und Nebel an und läßt sie aufsteigen; es zieht die Pflanzen und Tiere aus ihren Ursprüngen; kein Leben entsteht, ohne daß die lebenspendende Wärme dieser großen Leuchte dazu beiträgt.

So *zieht* der über alles *gute und schöne Gott*, der Vater allen Lichtes (Jak 1,17), *durch seine Schönheit den Verstand an*, ihn zu schauen, und *durch seine Güte den Willen*, ihn zu lieben. Durch seine Schönheit entzückt er unseren Verstand und verströmt seine Liebe in unseren Willen; durch seine Güte erfüllt er unseren Willen mit seiner Liebe und treibt unseren Verstand an, ihn zu schauen. Die Liebe fordert uns zur Beschauung auf und die Beschauung zur Liebe. Daraus folgt, daß *die Ekstase, die Entrückung ganz von der Liebe abhängt*, denn die Liebe ist es, die den Verstand zur Beschauung und den Willen zur Vereinigung drängt. – So müssen wir schließlich mit Dionysius Areopagita den Schluß ziehen: Die Göttliche Liebe ist ekstatisch, da sie nicht zuläßt, daß die Liebenden sich selbst gehören, sondern dem, was sie lieben (Div. nom. 4,13). Paulus, der diese göttliche Liebe besessen und ihre ekstatische Kraft erfahren hat, sagt deshalb auch, von Gott erleuchtet: *«Nicht mehr ich lebe, sondern Jesus Christus lebt in mir»* (Gal 2,20). Als wahrhaft Liebender war er aus sich heraus in Gott entrückt und lebte nicht mehr sein eigenes Leben, sondern das über alles liebenswerte Leben seines Vielgeliebten.

«Ihr seid tot», sagt der große Apostel, *«und euer Leben ist mit Jesus Christus in Gott verborgen»* (Kol 3,3). Der Tod bewirkt, daß die Seele nicht mehr in ihrem Leibe und dessen

Bereich lebt. Was will also dieses Wort des Apostels «Ihr seid tot» sagen? Es ist, als ob er gesagt hätte: Ihr lebt nicht mehr in euch selbst und auch nicht innerhalb eurer natürlichen Lebensbedingungen; eure Seele lebt nicht mehr nach ihrer eigenen Weise, sondern auf eine Weise, die sie übersteigt.

Der Phönix ist darin Phönix, daß er sein eigenes Leben mit Hilfe der Sonnenstrahlen (Plin.H.n. 10,2) vernichtet, um ein schöneres und kraftvolleres zu empfangen. Er verbirgt sozusagen sein Leben unter der Asche. Die Seidenraupen verändern ihr Wesen, aus Raupen werden sie Schmetterlinge; die Bienen sind zuerst Würmchen, werden dann zu Nymphen, kriechen auf Füßen und schließlich werden sie fliegende Bienen. – Wir machen es genauso, Theotimus, *wenn wir geistliche Menschen sind. Wir geben unser menschliches Leben auf, um ein höheres Leben zu führen, ein Leben über uns selbst,* indem wir dieses ganze neue Leben in Gott mit Jesus Christus verbergen, der es allein sieht, kennt und schenkt.

Unser neues Leben ist die göttliche Liebe, die unsere Seele belebt und beseelt, und diese Liebe ist ganz verborgen in Gott und im Göttlichen mit Jesus Christus. Wie die heiligen Schriften berichten (Mk 16,19; Lk 24,51; Apg 1,9), hat sich Jesus den Seinen wohl etwas gezeigt, als er in den Himmel fuhr, aber dann umhüllte ihn eine Wolke, ergriff ihn und verbarg ihn vor ihren Augen. So ist denn Christus im Himmel, verborgen in Gott.

Jesus Christus ist aber unsere Liebe, und unsere Liebe ist das Leben unserer Seele. So ist unser Leben in Gott verborgen mit Jesus Christus. Und wenn Jesus Christus, der unsere Liebe und folglich unser geistliches Leben ist, am Tage des Gerichtes erscheinen wird, dann werden auch wir mit ihm in Herrlichkeit erscheinen (Kol 3,4), d. h., Jesus Christus, unsere Liebe, wird uns verherrlichen, da er uns seine Seligkeit und Herrlichkeit mitteilen wird ...

Haben wir also unsere Liebe Jesus Christus geschenkt, dann haben wir damit auch unser geistliches Leben in ihn hineingetragen. Er ist aber jetzt in Gott im Himmel verborgen, so wie Gott in ihm verborgen war, als er auf Erden weilte. Daher ist unser Leben in ihm verborgen, und wenn er in Herrlichkeit erscheinen wird (Kol 3,3), dann wird auch unser Leben und unsere Liebe mit ihm in Gott erscheinen. Unsere natürliche und menschliche Liebe aber ist mit allen Leidenschaften ans Kreuz genagelt. Wir haben sie getötet als eine sterbliche Liebe, die unser Herz ein sterbliches Leben führen ließ. Und wie unser Erlöser gekreuzigt wurde und seinem sterblichen Leben nach gestorben ist, um zum unsterblichen Leben zu erstehen, so sind auch wir *mit ihm am Kreuze gestorben, unserer natürlichen Liebe nach, die das sterbliche Leben unserer Seele war, um zum übernatürlichen Leben einer Liebe zu erstehen*, die auch im Himmel gehegt werden kann, folglich unsterblich ist.

Sieht man also *einen Menschen, der im Gebet entrückt ist*, so daß er über sich hinaustritt und sich zu Gott erhebt, *aber kein ekstatisches*, d. h. *Gott hingegebenes, höheres Leben führt*, seine weltlichen Ansprüche nicht überwindet, seine natürlichen Willensäußerungen und Neigungen durch innerliche Güte, Einfachheit, Demut und besonders durch dauernde Liebe nicht abtötet – glaube mir, Theotimus, *dann sind diese Entrückungen sehr zweifelhaft und gefährlich*. Es sind Entrückungen, die bei den Menschen Bewunderung hervorrufen können, aber nicht zur Heiligung führen. Was mag es denn einer Seele wohl nützen, in Gott durch das Gebet entrückt zu sein, wenn sie in ihrem Verhalten und Leben von irdischen, niedrigen und naturhaften Affekten mitgerissen wird? Über sich im Gebet und unter sich im Leben und Wirken, engelhaft in der Betrachtung und tierhaft im Verhalten sein – das heißt Hinken «auf beiden Seiten» (1 Kön 18,21). Das ist mit einem Wort ein sicheres Zeichen, daß solche Entrückungen und Ekstasen nur Blendwerk und Irreführung sind.

Selig jene, die ein übermenschliches, ekstatisches, über sich selbst erhabenes Leben führen, obgleich sie nicht im Gebet über sich selbst entrückt sind. Im Himmel gibt es viele Heilige, die niemals eine Beschauungsekstase oder Entrückung hatten. Wie viele sehen wir in der Geschichte, die in ihrem Gebet keinen anderen Vorzug hatten als den der Frömmigkeit und des Eifers! Aber niemals hat es einen Heiligen gegeben, der nicht die Ekstase und Entrückung des Lebens und Wirkens gehabt, der sich selbst und seine naturhaften Neigungen nicht überwunden hätte.

Wer sieht nicht, Theotimus, ich bitte dich, daß es *gerade die Ekstase des Lebens und Wirkens ist, von der Paulus vor allem spricht,* wenn er sagt: «*Ich lebe, aber nicht mehr ich, sondern Jesus Christus lebt in mir*» (Gal 5,20)? Er erklärt es noch mit anderen Worten den Römern, wenn er schreibt, daß «*unser alter Mensch zusammen mit Jesus Christus gekreuzigt ist*» (Röm 6,4–11), daß wir mit ihm der Sünde abgestorben und mit ihm auferstanden sind, um «*in einem neuen Leben zu wandeln* und nicht mehr unter der Sünde geknechtet zu sein».

Theotimus, in jedem von uns sind hier zwei Menschen dargestellt und folglich auch zwei Leben, das eine des «alten Menschen», ein altes Leben, wie man es vom altgewordenen Adler erzählt, der seine Schwingen nachschleppt und sich nicht mehr zum Flug erheben kann – und dann das andere Leben des «neuen Menschen» (Röm 6,6), auch ein neues Leben, wie das des Adlers, der sich seiner alten Schwingen entledigt und sie ins Meer hinabgeschüttelt hat, neue empfangen und sich jetzt verjüngt mit neuer Kraft zum Höhenflug aufschwingt (Ps 105,5).

Im ersten Leben leben wir dem «alten Menschen» gemäß, d.h. den Fehlern, Schwächen und Gebrechen gemäß, die wir uns durch die Sünde Adams zugezogen haben; folglich leben wir hingegeben der Sünde Adams, und unser Leben ist ein sterbliches, ja der Tod selber. *Im zweiten Leben leben wir dem «neuen Menschen» gemäß*, d.h. nach den Gnaden und Willensäußerungen Jesu Christi, folglich hingegeben dem Heil und der Erlösung – und dieses neue Leben ist ein lebendiges und lebenspendendes Leben. *Wer aber zu diesem neuen Leben gelangen will, muß durch den Tod des alten Lebens gehen*, muß sein «Fleisch mit dessen Lüsten und Lastern kreuzigen» (Gal 5,24) und es unter den Wassern der Taufe und Buße begraben. Wer immer zu diesem neuen Leben auferstanden ist, lebt nicht mehr sich, in sich und für sich, sondern Jesus Christus: in Jesus Christus und für Jesus Christus. «Haltet euch», sagt Paulus, «für solche, die wirklich der Sünde gestorben sind und jetzt für Gott leben in Jesus Christus, unserem Herrn» (Röm 6,4–11).

Was aber folgt daraus? Es scheint mir, als höre ich diese apostolische Stimme, wie sie den Ohren unserer Herzen zuruft: Es folgt daraus das Verlangen, das Jesus hatte, da er für uns starb. Das aber war sein Verlangen, wir sollen ihm gleichförmig werden, *damit*, wie der Apostel sagt, «die da leben, hinfort nicht sich selbst leben, sondern dem, der für sie gestorben und auferstanden ist» (2 Kor 5,15).

Jesus Christus ist für uns gestorben. Er hat uns durch seinen Tod das Leben geschenkt. Wir leben nur, weil er gestorben ist. Er ist für uns, unseretwegen und in uns gestorben. Unser Leben ist also nicht mehr unser, sondern es gehört dem, der es uns durch seinen Tod erworben hat. Wir dürfen also nicht mehr uns leben, sondern wir müssen ihm leben, nicht mehr in uns, sondern in ihm, nicht mehr für uns, sondern für ihn.

Auf der Insel Sestos hatte (nach Plinius H.n. 10,5) ein Mädchen einen jungen Adler mit liebender Sorge aufgezogen, wie es Kinder zu tun pflegen. Der Adler wurde größer, begann zu fliegen und, seinem natürlichen Instinkt nach, Vögel zu jagen. Als er größer geworden war, stürzte er sich auf wilde Tiere und brachte immer treu seine Beute der jungen Herrin, gleichsam zum Dank für die Nahrung, die sie ihm früher gegeben. Nun starb das Mädchen eines Tages, während der Adler auf der Jagd war, und sein Leichnam wurde, dem damaligen Landesbrauch gemäß, auf einen Scheiterhaufen gelegt, um öffentlich verbrannt zu werden. Als aber die Flammen ihn zu erfassen begannen, kam der Adler mit mächtigem Flügelschlag herangeflogen und ließ, da er dieses unerwartete und traurige Schauspiel sah, seine Beute fallen, warf sich voll Trauer auf seine geliebte Herrin und bedeckte sie mit seinen Schwingen, um sie vor dem Feuer zu schützen oder sie mitleidig zu umfangen. Er verharrte so standhaft und unbeweglich und starb mutig in den Flammen; die Glut seiner Liebe sollte den Flammen und Gluten des Feuers nicht nachstehen. So wurde er ein Opfer seiner tapferen und wunderbaren Liebe, wie seine Herrin ein Opfer des Todes und der Flammen war ...

Was bleibt noch übrig? *Welche Folgerungen haben wir zu ziehen*, mein lieber Theotimus, als daß die, die leben, *nicht mehr sich leben, sondern dem, der für sie gestorben ist*, d.h., daß wir der göttlichen Liebe, die im Tode Jesu Christi aufleuchtet, alle Augenblicke unseres Lebens schenken, daß wir seiner Ehre all unsere Beute, alle unsere Eroberungen, Werke, Handlungen, unser Denken und Fühlen widmen.

Warum werfen wir uns nicht im Geiste auf ihn, um am

Kreuze mit ihm zu sterben, der aus Liebe zu uns in den Tod gehen wollte? «Ich halte ihn fest», müßten wir sagen, hätten wir die Hochherzigkeit des Adlers, «und ich werde ihn niemals lassen» (Hld 3,4). Ich werde mit ihm sterben und in den Flammen seiner Liebe verbrennen; das gleiche Feuer soll diesen göttlichen Schöpfer und sein schwaches Geschöpf verzehren. Mein Jesus «ist ganz mein und ich bin ganz sein» (Hld 2,16), ich werde an seiner Brust leben und sterben und «weder Tod noch Leben werden mich von ihm trennen» (Röm 8,38 f.). *So vollzieht sich die Ekstase wahrer Liebe, wenn wir nicht mehr den menschlichen Beweggründen und Neigungen gemäß leben, sondern, über diesen stehend, nach den Eingebungen und Antrieben des göttlichen Liebhabers unserer Seelen.*

Die Liebe ist stark wie der Tod (Hld 8,6). Der Tod trennt die Seele der Sterbenden von ihrem Leib und von allen Dingen der Welt. Auch die heilige Liebe trennt die Seele der Liebenden von ihrem Leib und von allen Dingen der Welt. Es gibt hier nur den einen Unterschied, daß der Tod dies immer in Wirklichkeit tut, was bei der Liebe für gewöhnlich nur im Herzen geschieht.

Zeittafel

Bibliographische Hinweise

Deutsche Ausgabe der Werke des hl. Franz von Sales. Nach der vollständigen Ausgabe der Œuvres de Saint François de Sales hrsg. von den Oblaten des hl. Franz von Sales unter Leitung von P. Dr. Franz Reisinger OSFS, Bd. 3: Abhandlung über die Gottesliebe. Theotimus. Erster Teil (I.–VI. Buch), Franz-Sales-Verlag, Eichstätt 1992; Bd. 4: Zweiter Teil (VII.–XII. Buch). Mit einem Anhang: Hinweise zum Verständnis der «Abhandlung», Eichstätt und Wien 1990.

Franz von Sales: Über die Gottesliebe. Ausgewählt und frei übersetzt von Elisabeth Nikrin. Mit einer Kurzbiographie des Heiligen von Reinhold Schneider (Reihe Klassiker der Meditation), Benziger Verlag, Zürich 1978 (3. Aufl. 1992).

Des heil. Franz von Sales Philothea, oder Anleitung zu einem frommen Leben. Neue Ausgabe, Regensburg 1845.

Dreitägige Einsamkeit zur Erneuerung des Geistes für alle christlichen Seelen. Aus den Schriften des heiligen Franz von Sales neu bearbeitet von Michael Sintzel, Augsburg 1839.

Briefe des heiligen Franz von Sales an die heilige Johanna Franziska Fremyot von Chantal 1604–1610, übertragen von Elisabeth Heine, München 1929.

Briefe der Heiligen Johanna Franziska von Chantal an den heiligen Franz von Sales und ihre Aussagen über sein Tugendleben, übertragen von Elisabeth Heine, München 1929.

Henri Bremond: Das wesentliche Gebet (La Métaphysique des Saints), Regensburg 1954.

A. Hämel-Stier: Franz von Sales. Ein Lebensbild, Würzburg 1946.

Walter Nigg: Große Heilige. Von Franz von Assisi bis Therese von Lisieux, S. 318–363 (gekürzt). © 1986 Diogenes Verlag AG Zürich

Die bewährte Benziger-Reihe in neuer Ausstattung

Klassiker der Meditation

John Henry Newman
Dem Leben einen Sinn geben
Über den Weg, die Wahrheit und das Ziel

Kleine Philokalie
Betrachtungen der Mönchsväter
über das Herzensgebet

Simone Weil
Zeugnis für das Gute
Spiritualität einer Philosophin

Wie Rosen
unter den Dornen
Kabbalistische Weisheit

Dag Hammarskjöld
Nur der Frieden lastet nicht auf der Erde
Aufzeichnungen eines modernen Mystikers

Teresa von Avila
Wie mit einem Freund
Wege zum Gebet

Benziger Verlag
Düsseldorf und Zürich